# Journalistische Praxis

**Reihe herausgegeben von**
G. Hooffacker, München, Deutschland
W. von La Roche, München, Deutschland

Der Name ist Programm: Die Reihe Journalistische Praxis bringt ausschließlich praxisorientierte Lehrbücher für Berufe rund um den Journalismus. Praktiker aus Redaktionen und aus der Journalistenausbildung zeigen, wie's geht, geben Tipps und Ratschläge. Alle Bände sind Leitfäden für die Praxis – keine Bücher über ein Medium, sondern für die Arbeit in und mit einem Medium. Seit 2013 erscheinen die Bücher bei SpringerVS (vorher: Econ Verlag). Die gelben Bücher und die umfangreichen Webauftritte zu jedem Buch helfen dem Leser, der sich für eine journalistische Tätigkeit interessiert, ein realistisches Bild von den Anforderungen und vom Alltag journalistischen Arbeitens zu gewinnen. Lehrbücher wie „Sprechertraining" oder „Frei sprechen" konzentrieren sich auf Tätigkeiten, die gleich in mehreren journalistischen Berufsfeldern gefordert sind. Andere Bände begleiten Journalisten auf dem Weg ins professionelle Arbeiten bei einem der Medien Presse („Zeitungsgestaltung", „Die Überschrift"), Radio, Fernsehen und Online-Journalismus, in einem Ressort, etwa Wissenschaftsjournalismus, oder als Pressereferent/in oder Auslandskorrespondent/in. Jeden Band zeichnet ein gründliches Lektorat und sorgfältige Überprüfung der Inhalte, Themen und Ratschläge aus. Sie werden regelmäßig überarbeitet und aktualisiert, oft sogar in weiten Teilen neu geschrieben, um der rasanten Entwicklung in Journalismus und Neuen Medien Rechnung zu tragen. Viele Bände liegen inzwischen in der dritten, vierten, achten oder gar, wie die „Einführung" selbst, in der zwanzigsten neu bearbeiteten Auflage vor. Allen Bänden gemeinsam ist der gelbe Einband. Er hat den Namen „Gelbe Reihe" entstehen lassen – so wurden die Bände nach ihrem Aussehen liebevoll von Studenten und Journalistenschülern getauft.

Weitere Bände in der Reihe http://www.springer.com/series/11722

Manuela Feyder · Linda Rath-Wiggins

# VR-Journalismus

Ein Handbuch für die journalistische Ausbildung und Praxis

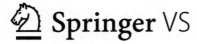

Manuela Feyder
Nürtingen, Deutschland

Linda Rath-Wiggins
Berlin, Deutschland

ISSN 2524-3128　　　　　　ISSN 2524-3136　(electronic)
Journalistische Praxis
ISBN 978-3-658-22216-1　　ISBN 978-3-658-22217-8　(eBook)
https://doi.org/10.1007/978-3-658-22217-8

Die Deutsche Nationalbibliothek verzeichnet diese Publikation in der Deutschen Nationalbibliografie; detaillierte bibliografische Daten sind im Internet über http://dnb.d-nb.de abrufbar.

Springer VS
© Springer Fachmedien Wiesbaden GmbH, ein Teil von Springer Nature 2018
Das Werk einschließlich aller seiner Teile ist urheberrechtlich geschützt. Jede Verwertung, die nicht ausdrücklich vom Urheberrechtsgesetz zugelassen ist, bedarf der vorherigen Zustimmung des Verlags. Das gilt insbesondere für Vervielfältigungen, Bearbeitungen, Übersetzungen, Mikroverfilmungen und die Einspeicherung und Verarbeitung in elektronischen Systemen.
Die Wiedergabe von Gebrauchsnamen, Handelsnamen, Warenbezeichnungen usw. in diesem Werk berechtigt auch ohne besondere Kennzeichnung nicht zu der Annahme, dass solche Namen im Sinne der Warenzeichen- und Markenschutz-Gesetzgebung als frei zu betrachten wären und daher von jedermann benutzt werden dürften.
Der Verlag, die Autoren und die Herausgeber gehen davon aus, dass die Angaben und Informationen in diesem Werk zum Zeitpunkt der Veröffentlichung vollständig und korrekt sind. Weder der Verlag noch die Autoren oder die Herausgeber übernehmen, ausdrücklich oder implizit, Gewähr für den Inhalt des Werkes, etwaige Fehler oder Äußerungen. Der Verlag bleibt im Hinblick auf geografische Zuordnungen und Gebietsbezeichnungen in veröffentlichten Karten und Institutionsadressen neutral.

Verantwortlich im Verlag: Barbara Emig-Roller

Gedruckt auf säurefreiem und chlorfrei gebleichtem Papier

Springer VS ist ein Imprint der eingetragenen Gesellschaft Springer Fachmedien Wiesbaden GmbH und ist ein Teil von Springer Nature
Die Anschrift der Gesellschaft ist: Abraham-Lincoln-Str. 46, 65189 Wiesbaden, Germany

# Vorwort

Wie oft haben wir uns als Zuschauer insbesondere bei faszinierenden Reportagen und Dokumentationen gefragt: Wie ist es wohl an diesem Ort? Wie sieht es in der Umgebung aus? Wie wäre es, Teil des Geschehens zu sein?

**Mit Virtual Reality** (kurz „VR") – so die euphorische Einschätzung – ist das nun möglich: Der Zuschauer wird aktiver Teil des Geschehens – er ist präsent.

Und als Journalist? Das herkömmliche lineare Verständnis von Bildkomposition, Bildausschnitten und linearen Erzählstrukturen, die sogenannte Narrative, werden durch VR aufgebrochen. Dadurch ergeben sich für den Journalisten neue Fragestellungen: Was bedeutet VR für den Journalismus? Wie erstellen Journalisten Geschichten in VR? Wie funktioniert die Technik? Wie können redaktionelle Arbeitsabläufe aussehen? Welches Wissen und welche Fähigkeiten braucht der VR-Journalist?

Ted Schilowitz, US-amerikanischer Zukunftsforscher bei 20th Century Fox in Los Angeles, betont: *„We're on the cusp of something that will be more powerful than perhaps any medium we've experienced before."*[1] Und so wie die Filmbranche, haben auch andere Märkte das Potenzial von VR entdeckt – allen voran die Gamingindustrie, die bereits seit Jahren ganze Fantasiewelten aufbaut und so in dem Denken, den Nutzer mit ins Geschehen zu nehmen, beheimatet ist.

Mit VR gehen wir journalistisch einen entscheidenden, nächsten Schritt im medialen Veränderungsprozess. Die Umsetzung und die Verbreitung von VR werden

---

1  Schilowitz, 2018

digitale Medien weiter definieren. Nicht nur auf der Konsumentenseite, sondern auch für den Journalisten.
Kritiker behaupten, dass VR keine neuen Storytelling-Techniken mit sich bringe. Lineare Narrative seien erfolgreich, weil sie den Zuschauer lenkten und Klarheit vermittelten – alles andere sei einfach herumlaufen in einer virtuellen Welt.[2]

**Mussten Journalisten ihre „Gatekeeper"-Funktion** schon durch das Internet neu definieren, verlieren sie nun die Funktion des alleinigen Führens durch die journalistische Geschichte. Der Nutzer ist nicht mehr passiv, er schaut nicht mehr zu, sondern er entdeckt aktiv die Umgebung und wird zu einem Regisseur der eigenen VR-Story. Und der Journalist? Er muss sich neu finden als Macher, als „Creator" – eigentlich eine ureigene Rolle im Journalismus, die nun neue Konturen bekommt.

Chris Milk, Gründer von Within, beschreibt das neue Medium als *„empathy machine"*.[3] Kein anderes Medium vermöge es so, den Nutzer zu berühren und seine Bereitschaft zu wecken, sich mit dem VR-Inhalt zu verbinden. Diesen Ansatz lehnt Paul Cheung, Direktor Visueller Journalismus bei NBC News, dezidiert ab: *„I really hate that word. I think ‚empathy' denotes a hierarchy of someone in the privileged position emphasizing someone who is not. So, when I think about VR, I think about emotions and feelings."*[4]

Diese unterschiedlichen Auffassungen zeigen, dass VR-Journalismus erst am Anfang steht und selbst definitorische Fragen noch zu klären sind. Wie VR genau abzugrenzen ist und welche Chancen sich in diesem Medium tatsächlich verbergen, wird sich erst im Laufe der Zeit zeigen. Klar ist heute allerdings, dass VR Zukunftsmärkte für Journalisten erschließen kann.

**Weltweit und so auch im deutschsprachigen Europa** experimentieren die Medien mit Formen des VR-Storytellings. Das Feld des VR-Journalismus im deutschsprachigen Europa ist allerdings noch unbestellt. Wir befinden uns in der Phase des Ausprobierens, Ausprobierens und Ausprobierens ...

Die rasante technische Entwicklung, die Veränderungen des Nutzerverhaltens durch die Einführung von erschwinglichen VR-Brillen und mobilen Anwendungen sowie die Innovationen und Versuche des VR-Journalismus in den USA veranlassten

---

2   Catmull, 2018
3   Milk, 2015
4   Cheung, 2017

die Autorinnen zu diesem Buch. Dazu interviewten sie weit über 30 Journalisten, Gründer und Experten persönlich und online und recherchierten die aktuellen Studien und Entwicklungen.

**In diesem Buch finden Journalisten** einen ersten Überblick über die Historie und die heutige Relevanz von VR für den Journalismus. Ferner stellen die Autorinnen aktuelle technische Möglichkeiten in Hardware, Tools und Distributionsplattformen vor. Beispielhaft zeigen sie die Arbeiten unterschiedlicher Medienunternehmen und widmen sich den Chancen und Herausforderungen, die VR für den Journalismus bedeutet. Ein Blick auf das sich verändernde Berufsbild des Journalisten durch VR bildet den Bogen zu den technischen und inhaltlichen Neuerungen für das VR-Storytelling.

Für dieses neue Medium existieren noch keine allgemeingültigen Standards oder Richtlinien. Die Beispiele und Einschätzungen in diesem Buch sollen in diesem Sinne verstanden werden. Die Autorinnen wünschen sich, dass das Buch Journalisten inspiriert und ermutigt, Themen in VR umzusetzen und den VR-Journalismus weiterzuentwickeln.

Da das VR-Medium stark durch den US-amerikanischen Markt geprägt wird, werden in der Fachsprache vornehmlich englische Begriffe verwandt, die in diesem Buch in einem Glossar erklärt werden. Der sich so rasant entwickelnde VR-Markt erfordert darüber hinaus die schnelle, inhaltliche Anpassung des Buchstoffs, daher findet der Leser nicht nur Beispiele und Hinweise in diesem Buch, sondern auch eine das Buch begleitende Internetseite unter www.vr-journalismus.info. Die Autorinnen stellen auf dieser Seite Links zur Verfügung und posten aktuelle Entwicklungen.

**Unser Dank** gilt vor allem allen Interviewpartnern, die sich trotz ihres hohen beruflichen Engagements, Zeit nahmen und uns mehr als nur ein Interview gaben: Sarah Hill, StoryUP; Nathan Griffith, New York Times (zum Zeitpunkt des Interviews AP); Eckart Köberich und Konstantin Flemig, ZDF Digital; Mitch Gelman, Journalist (zum Zeitpunkt des Interviews Newseum); Mia Tramz, TIME; Nonny de la Peña, Emblematic Group; Paul Cheung, NBC News; Thomas Seymat, euronews; Bryn Mooser und Jessica Lauretti, Ryot; Patrick Wilkinson, Cat Daddy Games; Laura Köppen, Dominik Born und Patricia Banzer, SRF; Isabelle Sonnenfeld, Google News Lab; Stephan Gensch, Vragments; Martin Heller, Welt; Stephan Meyer, Bild; Prof. Randy Picht und Bimal Balakrishnan, University of Columbia/Missouri; Michael Hopper, VICE News; Louis Jebb, immersiv.li; Volker Matthies, BR und netzwerk medien-trainer; Sönke Kirchhof, INVR.SPACE; Barbara Marcolini, New York Times (zum Zeitpunkt des Interviews CUNY); Rajan Zaveri, HELM Studio; Shaheryar Popalzai, ICFJ Pakistan; Daniel Stahl, Heilbronner Stimme; Joachim Dreykluft, sh:z; Prof. Dr. Klaus Meier, Journalistische Fakultät der Universität Eichstätt; Kai Rüsberg, freier Videojournalist. Besonderer Dank gilt darüber hinaus Prof. Dr. Gabriele Hooffacker, Herausgeberin der Buchreihe Journalistische Praxis, und Barbara Emig-Roller, Cheflektorin des Verlages.

Dieses Buch hätte nicht ohne die Unterstützung von weiteren Personen geschrieben werden können. Manuela Feyder bedankt sich insbesondere bei Noah und Franz. Linda Rath-Wiggins bedankt sich vor allem bei Stephan Gensch.

Werden bei Personenbezeichnungen männliche Substantive genutzt, ist die weibliche Form der Begriffe selbstverständlich mit eingeschlossen.

# Inhalt

**1 Das Medium: VR** .... 1
   1.1  Was ist VR-Journalismus? .... 2
   1.2  Geschichtliche Einordnung .... 6
   1.3  Chancen und Herausforderungen .... 22
   1.4  Anwendungsfelder .... 27
   1.4  VR-Markt .... 28
   1.5  Best Practices .... 38

**2 Das Handwerk: VR-Storytelling** .... 57
   2.1  Erzählstruktur .... 58
   2.2  Der Nutzer im Mittelpunkt .... 60
   2.3  VR-Planung .... 66
   2.4  VR-Storyboard .... 69
   2.5  Darstellungsformen .... 79

**3 Der Workflow: VR in der Redaktion** .... 93
   3.1  VR-Konzeption .... 94
   3.2  VR-Produktion .... 98
   3.3  Tools für die journalistische VR-Produktion .... 104

**4 Das Berufsbild: VR-Journalist** .... 119
   4.1  Der VR-Journalist .... 120
   4.2  Verantwortung des VR-Journalisten .... 121
   4.3  Fähigkeiten und Fertigkeiten .... 123
   4.4  Tätigkeiten und Arbeitsfelder .... 125
   4.5  Aus- und Fortbildungsmöglichkeiten .... 129

Fachbegriffe........................................................133
Literaturverzeichnis................................................139
Interviewpartner...................................................147
Abbildungsverzeichnis..............................................149
Autorinnen........................................................153

# Das Medium: VR 1

> **Zusammenfassung**
>
> Was unterscheidet das Medium VR von anderen Medien? Wie kann VR den Journalismus bereichern? Ist das Medium wirklich neu? Welche Anwendungsbeispiele und -felder gibt es für Journalisten? Dieses Kapitel gibt eine Einordnung, was VR-Journalismus ist und bietet einen Überblick über die VR-Geschichte. Die Chancen und Herausforderungen, die das Medium VR für die journalistische Arbeit mit sich bringen sowie eine aktuelle Einschätzung über den VR-Markt ergänzen die grundlegende Betrachtung dieses ersten Kapitels. Die Anwendungsfelder und Best Practices runden die Einführung in diesem Buch ab.

> **Schlüsselbegriffe**
>
> VR, Virtuelle Realität, Journalismus, Immersion, Best Practices

## 1.1 Was ist VR-Journalismus?

John, elf, schiebt an diesem Tag Wache. Auf einem Beobachtungsturm der DDR-Grenztruppen. Vor ihm der fein geharkte Sandstreifen. Der Zaun mit den Selbstschussanlagen, Scheinwerfer. Dann die Mauer, die Berlin in zwei Hälften teilt. Hinter ihm die Kameraden. „Hast Du mal 'ne Zigarette?", fragt einer den Knirps.

Dessen Mission ist heikel: John soll die Grenze nach Westdeutschland bewachen. Fliehende DDR-Bürger stellen und festnehmen. Dafür steht er im Obergeschoss des neun Meter hohen Turmes. Die Plattform ist drei Neonröhren lang, drei Neonröhren breit. „Finde ihn!", schnarrt es aus dem Lautsprecher. Sirenen heulen. Mit dem Suchscheinwerfer leuchtet das Kind die Umgebung ab. Fahndet nach dem Republikflüchtling.

Zumindest virtuell: Vor Johns Augen hängt ein federmappengroßer Kasten. Seine Hände umklammern besenstieldicke Plastikheringe. Seine Daumen und Zeigefinger ruhen auf Tasten – jederzeit bereit, sie zu drücken. Und John steht in Wirklichkeit mitten im Washingtoner *Newseum* – dem Journalismusmuseum, das es sich zur Aufgabe gemacht hat, die sich verändernde Medienwelt zu dokumentieren.

**Abb. 1** VR-Anwendung „Berlin Wall – The Virtual Reality Experience". Quelle: Newseum

## 1.1 Was ist VR-Journalismus?

Das kann Journalismus in virtueller Realität leisten. *„VR ist nicht irgendeine Erweiterung eines vorher existierenden Mediums, wie das Hinzufügen von 3D zu Filmen oder Farbe zum Fernsehen. Es ist ein völlig neues Medium, mit seinen eigenen einzigartigen Eigenschaften und psychologischen Effekten, und es wird die Art und Weise, wie wir mit der (realen) Welt um uns herum und mit anderen Menschen interagieren, grundlegend verändern."*[1] VR verlangt sowohl von Journalisten als auch von Nutzern einen Perspektivwechsel, ein neues Verständnis. Und so überschreibt die Knight Foundation[2] ihre Studie[3] im März 2016 auch mit dem Wort „Schlüsselmoment". Aber was konkret umfasst dieses neue Medium, diese neue Form des Journalismus, die unter dem Begriff VR-Journalismus gefasst wird? Und ist VR wirklich neu?

▶ **Bedeutung**
Bei dem sich gerade erst ausdifferenzierenden Begriff VR-Journalismus handelt es sich um eine Form des immersiven Journalismus, bei dem der Nutzer eine zentrale Rolle einnimmt – er ist präsent. *„In der virtuellen Realität muss immer bedacht werden, dass der Körper des Nutzers mitreist,"* sagt Nonny de la Peña, Gründerin und Geschäftsführerin des US-amerikanischen Unternehmens Emblematic Group, „auch während eines Gruselfilms kann sich der Zuschauer erschrecken, aber dieses Gefühl, die Verbindung, ist in der virtuellen Realität viel extremer. Es ist diese Präsenz des Körpers, die das Medium VR einzigartig macht."[4]

**Ausgehend von der Produktionsform** kann VR-Journalismus differenziert werden: Zum einen gibt es monoskopisch (zweidimensional) oder stereoskopisch (dreidimensional) aufgenommene 360°-Produktionen und zum anderen volumetrische Produktionen, die entweder computeranimiert sind, sogenannte CGI-Produktionen (Computer-Gererated Imagery, kurz „CGI") oder photogrammetrische VR-Erlebnisse, die mit 3D-Scans produziert werden.

**360°-Produktionen** beinhalten die sphärische Darstellung von 360°-Videos und -Fotos. Sie ermöglichen den Nutzern damit einen Rundumblick, zum Beispiel von Konzerten oder Sportereignissen. Diese Aufnahmen können mittlerweile auch live

---

1 Bailenson, 2018
2 Journalismusförderung, 2018
3 Doyle, Gelman, & Gill, 2016
4 de la Peña, Gründerin und Geschäftsführerin Emblematic Group 2018

übertragen werden. Aus der Anwendersicht kann bei 360°-Produktionen zwar die Blickrichtung geändert werden, aber nicht die eigene Position im Raum (das nennt sich dann 3DoF, „3 degrees of freedom").

**Volumetrische Produktionen** werden mithilfe von Computersoftware erstellt. Dazu dienen entweder Entwicklungsumgebungen für Spiele, sogenannte Game-Engines, die den CGI-Inhalt herstellen oder 3D-Scanner, mit denen reale Umgebungen, Personen und Objekte eingescannt werden (Photo- oder Videogrammetrie). Eingefügt und weiterbearbeitet in einer Game-Engine lassen sich aus diesen 3D-Scans virtuelle Welten kreieren. Diese Produktionen können aus Anwendersicht ein interaktives, virtuelles Erlebnis bieten, in dem der Nutzer sich frei bewegen und mit Objekten in der dieser virtuellen Welt interagieren kann (das nennt sich dann 6DoF, „6 degrees of freedom").

**Tab. 1** Klassifizierung von VR-Journalismus. Quelle: Manuela Feyder, Linda Rath-Wiggins

| Klassifizierung von VR-Journalismus | Ausprägung | Beschreibung |
|---|---|---|
| 360°-Produktion | Monoskopisch | (Bewegt-)Bilder werden mit einer 360°-Kamera aufgenommen. |
| | Stereoskopisch | (Bewegt-)Bilder werden mit einem räumlichen Eindruck von Tiefe aufgenommen. |
| Volumetrische Produktion | Photogrammetrie | Aus einer Vielzahl von Einzelbildern wird ein Modell berechnet, aus dem eine texturierte Geometrie erstellt werden kann. |
| | CGI | Virtuelle Räume werden generiert (zum Beispiel mit Game-Engines wie Unity). |

Viele VR-Erlebnisse bieten mittlerweile Kombinationen dieser Merkmalsausprägungen an. So gibt es VR-Anwendungen, die sowohl 360°- als auch CGI-Elemente enthalten.

Davon abzugrenzen ist Augmented Reality (kurz „AR"). In AR bleibt der Nutzer in seiner realen Umgebung, die mit virtuellen Objekten angereichert wird. Bekannt wurde AR insbesondere durch das Spiel Pokémon GO.[5]

---

5 AR-Storytelling ist eine weitere neue, sich gerade in der Entwicklung befindenden Form von Journalismus. Gleichwohl es aus technischer Perspektive viele Ähnlichkeiten zu

## 1.1 Was ist VR-Journalismus?

**Die Nutzungswege für VR-Stories sind vielfältig.** Sowohl 360°- als auch volumetrische Produktionen können über mobile oder stationäre Endgeräte genutzt werden. Entscheidend für den VR-Effekt ist das Tragen eines VR-Headsets, auch Head-Mounted Display (kurz „HMD") oder VR-Brille genannt.

**Nutzung über mobile Endgeräte:** Dafür bieten sich VR-Brillen wie das Google-Cardboard, die Google-Daydream oder die Samsung Gear VR an. VR-Erlebnisse können dann über Handy-Browser, Apps oder andere Plattformen wie YouTube 360 oder Facebook betrachtet werden.

**Nutzung über stationäre Endgeräte:** Soll das VR-Headset Inhalte über den Computer wiedergeben, sind technisch und qualitativ höher entwickelte Headsets notwendig wie die Oculus Rift oder die HTC Vive. Diese ermöglichen dreidimensionales Sehen und ein Sichtfeld ohne Rahmen, ohne Einschränkung oder Auswahlbereich wie bei flachen Displays. Durch in der Brille angebrachte Sensoren werden die Kopfbewegungen verfolgt, zusätzliche Trackingsensoren an Handcontrollern und Kameras verfolgen weitere Bewegungen der Nutzer. Die Bewegungsfreiheit des Nutzers erstreckt sich dabei im dreidimensionalen Raum in alle Richtungen und bieten die sogenannten „6 Degrees of Freedom" (S. Kapitel VR-Markt).

**Nutzung über autarke Endgeräte:** Eine weitere Möglichkeit bieten mittlerweile die sogenannten autarken Headsets, auch Stand-Alone-VR-Headsets genannt. Mit diesen VR-Brillen ist es möglich, VR-Anwendungen kabellos und ohne Endgeräte wie Handy oder Computer zu erleben. Das Positional-Tracking funktioniert über das sogenannte „World Sense-Verfahren".[6]

**Tab. 2** VR-Brillen. Quelle: Manuela Feyder, Linda Rath-Wiggins

| VR-Nutzung | Beispiele für VR-Brillen |
|---|---|
| Mobile Brillen | Google Daydream |
|  | Google Cardboard |
|  | Samsung Gear VR |
| Stationäre Brillen | HTC Vive |
|  | Oculus Rift |
| Stand-Alone Brillen | Oculus Go |

VR-Journalismus gibt, ist diese Form vor allem in Bezug zu Storytelling-Techniken unterschiedlich zu betrachten, so dass wir AR im weiteren Text ausschließen.

[6] Sauter, 2017

Die **Intensität dieser VR-Erlebnisse ist abhängig von** der Gestaltung des Inhalts, der Produktionstechnik und -qualität sowie auf Konsumentenseite von der Art der genutzten VR-Brille und der Leistungsfähigkeit der verwendeten Endgeräte.

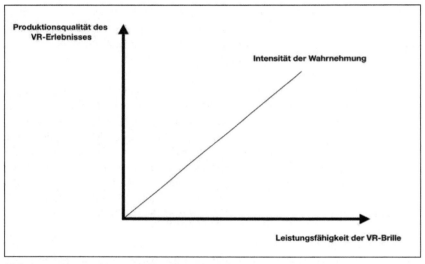

**Abb. 2** Intensität der VR-Wahrnehmung. Quelle: Manuela Feyder, Linda Rath-Wiggins

Verstärkt wird das virtuelle Erleben durch Kopfhörer für den Audioempfang, Datenhandschuhe um Objekte anzufassen und zu spüren sowie Geruchssimulatoren (S. Kapitel VR-Markt).

## 1.2 Geschichtliche Einordnung

Die Idee und Technologie, um VR-Erlebnisse zu erzeugen, sind nicht neu. Je nach Betrachtungsweise gehen die Anfänge der Forschung zur veränderten Wahrnehmung von Bildrealitäten bis in das Jahr 1932 zurück, als der amerikanische Physiker Edwin Herbert Land den sogenannten Polaroid-Filter erfand.[7] Die Geschichte der

---

[7] für eine ausführliche Betrachtung der VR-Historie: VR Nerds, 2015

## 1.2 Geschichtliche Einordnung

technologischen Veränderungen und Entwicklungen ist auch eine Geschichte über die Veränderung des Journalismus und des Storytellings. Die für den Journalismus relevanten Geschichtsabschnitte sind hier erläutert:

**1957**: Morton L. Heilig baut den Prototypen eines VR-Automaten, den „Sensorama". Der Philosoph, Filmemacher und Autor wird auch als „Vater der virtuellen Realität" bezeichnet. Das Gerät ging nie in Serie.

**Abb. 3**

Sensorama.

Quelle: Minecraftpsyco; CC BY-SA 4.0. international

**1965**: Die Grundlage für die heutige VR-Technik entsteht. Ivan Edward Sutherland erfindet das erste HMD, das wegen seines hohen Gewichtes „Schwert des Damokles" genannt wurde.

**1987**: Jaron Lanier forscht intensiv im VR-Bereich und verkauft mit seiner Firma VPL Research die ersten Datenhandschuhe und eine Art VR-Brillen. Die Patente übernimmt 1999 Sun Microsystems.

In den **1990er** Jahren nimmt das Interesse an VR stark zu, allerdings waren die technischen Bedingungen wie Rechnerleistungen und Bandbreiten nicht ausreichend für einen wirklichen Durchbruch. Auch die VR-Brille „Virtual Boy" von Nintendo floppt.

In Deutschland ist beispielsweise das Institut für Neue Medien (INM) sehr engagiert in der Erforschung und Umsetzung von VR-Welten. So können Besucher 1996 einen virtuellen Spaziergang durch den Wörlitzer Park unternehmen[8] und sich mit einem „Joystock" umherbewegen und sich Zusatzinformationen heranzoomen.

**2000**: Für das US-amerikanische Militär baut die Firma Microvision ein Head-Mounted-Display mit einer Auflösung von 1920 x 1080 Pixel, das einer HD-Auflösung entspricht (zum Vergleich: die Oculus Rift aus 2017 hat 2160 x 1200 Pixel).

**2008**: Auf einem Laufband, wie sie in Fitnessstudios verwendet werden, und mit einem Headset erkunden die Forscher des Max-Planck-Instituts für Biologische Kybernetik in Zürich die Gassen des antiken Pompejis. Das Laufband selbst wurde an der TU München und der Universität Rom entwickelt. Die Probanden können sich in alle Richtungen bewegen. Diese Erfindungen gelten als Vorläufer zu dem heute bekannten Roomscale-VR, das es Nutzern durch Bewegungssensoren ermöglicht, sich im Raum 1:1 und völlig frei zu bewegen.

**2012**: Der erste Prototyp eines Virtualizers der Firma Cyberith aus Wien erlangt 2014 dann Marktreife.

---

8  Institut für Neue Medien, 1996

## 1.2 Geschichtliche Einordnung

**Abb. 4**   Virtualizer im Modell. Quelle: Cyberith

**Abb. 5**   Virtualizer in der Anwendung. Quelle: Cyberith

Mit „**Hunger in L.A.**"[9] **markiert Nonny de la Peña**[10] **das Debut** ihrer VR-Anwendungen. Die US-amerikanische Journalistin, die auch als „Godmother of VR"[11] bekannt geworden ist, präsentiert den VR-Film erstmals beim Sundance Film Festival in Park City, Utah, USA. „MEEDIA" griff das VR-Thema 2014 auf und titelte: *„Immersive Journalism": wenn Zuschauer Teil der Nachricht werden.*[12]

**Abb. 6**   VR-Anwendung „Hunger in L.A." Quelle: Emblematic Group

In einem Interview beschreibt es die investigative VR-Journalistin so: *„Ich denke, dass diese Plätze für die meisten Menschen nicht zugänglich sind und daher stellt sich die Frage, wie bringen wir sie dazu, diese wichtigen Themen zu verstehen. VR scheint das beste Medium zu sein, für das ich jemals gearbeitet habe. Wenn sie das Gefühl haben an diesem Ort zu sein, dann haben sie auch das Gefühl, es kann auch ihnen widerfahren."*[13]

---

9   Emblematic Group, 2012
10  de la Peña, 2017
11  Helmore, 2015
12  Burgard-Arp, 2014
13  Knoepp, 2017

**2014**: Facebook kauft die Firma Oculus VR, die zwei Jahre zuvor von Palmer Luckey, dem Erfinder des Oculus HMD, gegründet worden war. Mit dieser Vereinigung von Plattform und VR-Headset bekommt die VR-Szene neuen Aufwind und die technischen Neuheiten werden in rasendem Tempo entwickelt und auf den Markt gebracht. Prototypen und Entwicklermodelle werden getestet, jedoch fehlen für die Vermarktung beim Endverbraucher noch die entsprechenden Inhalte und Anwendungen wie Spiele. Google bringt die Pappvariante des HMD, das Cardboard, auf den Markt. Die Samsung Gear VR ist ab Ende 2015 für Endverbraucher verfügbar. Beide funktionieren mobil mit einem Smartphone.

**Abb. 7**    Google Cardboard. Quelle: netzwerk medien-trainer, Fotograf: Marcus Brodt

**2015**: Journalistische Produktionen und Anwendungen nehmen zu und Medienunternehmen experimentieren mit 360°-Videos.

**Im Oktober kündigt die New York Times (NYT) ihre App NYT VR an**. Gleichzeitig verschenkt die NYT in Zusammenarbeit mit Google über eine Million Cardboards an ihre Abonnenten.[14] Das 360°-Video „The Displaced"[15] ist die Debut-Produktion des NYT-Magazins in Partnerschaft mit VRSE (heute heißt das Unternehmen „Within"), der VR-Agentur von Chris Milk.[16]

**Abb. 8**  The Displaced. Quelle: YouTube Screenshot der Story von New York Times

*„Unsere Leser erwarten von der Times innovatives und kraftvolles Storytelling und das hier ist die Times von ihrer besten Seite. Unser Magazin-Team hat die erste kritische, ernstzunehmende Geschichte in virtueller Realität geschaffen, um einer der schlimmsten humanitären Krisen unserer Lebzeiten zu beleuchten"* sagt Dean Baquet, Chefredakteur der NYT.[17]

**Andere Medienunternehmen veröffentlichen** ebenfalls eigene 360°-Produktionen, so zum Beispiel Al Jazeera mit „Hajj 360"[18], Huffington Post in Zusammenarbeit

---

14  New York Times, 2015
15  Silverstein, 2015
16  Milk, 2017
17  New York Times, 2015
18  Atassi, 2015

## 1.2 Geschichtliche Einordnung

mit Ryot und Pencils of Promise (PoP) mit „Beginning"[19] und in zusätzlicher Kooperation mit AP mit „Seeking Home"[20].

CNN streamt die erste Debatte zur Präsidentschaftswahl im Oktober live.[21] Zuvor hatte CNN schon einige Sportereignisse in VR live übertragen.

Frontline publiziert im November seine VR-Dokumentation „Ebola Outbreak"[22] auf der sozialen Netzwerk-Plattform Facebook. Die Dokumentation entsteht in der Zusammenarbeit von Frontline mit dem Content Studio „Secret Location" und dem „Tow Center für Digitalen Journalismus" der Columbia University in New York.

**Abb. 9**  Ebola Outbreak. Quelle: Screenshots vom Player auf Facebook

Plattformen der Technologieunternehmen und auch der sozialen Medien gewinnen an Bedeutung für die Distribution von 360°-Inhalten.

---

19  Ryot & PoP, 2015
20  AP & Ryot, 2015
21  CNN Press Room, 2015
22  Frontline, 2015

**2016**: Ein Jahr mit vielen Entwicklungen im VR-Sektor. Die Oculus Rift, HTC Vive, Sony Playstation VR und Google-Daydream kommen auf den Markt. Der Konsumentenmarkt soll damit erweitert werden. Das deutsche Online-Portal für Statistik fragt Ende November 2016 430 Gamer im Alter zwischen 16–75 Jahren welche Art von VR-Brille sie schon benutzt haben: über die Hälfte haben demnach bereits Smartphone-VR-Brillen ausprobiert und knapp 45 Prozent geben an auch schon eine High-End-VR-Brille genutzt zu haben. [23]

**Das Wall Street Journal gibt ein Ratgeber-Video in 360° für VR heraus**[24] und zeigt damit auch die bereits bestehenden Anwendungsbereiche für VR wie in Bildung, Entertainment, Gaming, Architektur, Reisen und auch Sportberichterstattung. Die Möglichkeit, sich an einen anderen Ort zu teleportieren, steht im Mittelpunkt.

**Abb. 10** A Virtual Reality Guide to Virtual Reality (360°-Video).
Quelle: Wall Street Journal auf YouTube

---

23 Statista-Umfrage unter 430 Gamern im Alter zwischen 16–75 Jahren, Erhebungszeitraum: 22.11.-2.12.2016, veröffentlicht Dezember 2016 in: Statista, 2016
24 Stern, 2016

## 1.2 Geschichtliche Einordnung

**Auch VR-Storytelling bekommt weiteren Auftrieb**: Der „Guardian" veröffentlicht für seine App das erste Computer-generierte 360°-Video mit dem Titel: „6x9: A virtuell experiment of a solitary confinement"[25] (S. Kapitel Best Practices).

**Abb. 11**  Welcome to your cell. Quelle: Screenshot, The Guardian

**Abb. 12**  Welcome to your cell. Quelle: Screenshot, The Guardian

---

25  The Guardian, 2016

Andere Medien wie ARTE, euronews, BBC, TIME, CNN, ZDF, Blick, BILD, das Wall Street Journal, NBC und USA Today intensivieren ebenfalls ihr Engagement in VR/360°-Produktionen.

**Mit „The Daily 360"[26] gibt die NYT dem Nutzer sogar das Versprechen** eines täglichen 360°-Berichtes. Die 360°-Berichte dieser Serie sind sowohl auf dem Computer als auch mobil über die App zu sehen. Den Auftakt macht das 360°-Video „In the Rubbel of an Airstrike in Yemen"[27]. Die NYT ist dafür eine Partnerschaft mit Samsung eingegangen.[28]

**Abb. 13** The Daily 360. Quelle: Screenshot, New York Times

**Die Bedeutung von VR/360°-Storytelling** ist auch daran zu erkennen, dass das „Newseum"[29] in Washington D.C., ein Museum über Journalismus, im Juli 2016 die erste journalistische VR-Ausstellung eröffnet hat. Monatlich kann sich der Museumsbesucher die Top 10 der 360°-Publikationen ansehen – sowohl als Video als auch mit einer VR-Brille in dem „VR Lab".

---

26  New York Times Now, 2016
27  Hicks, Shastri, & Mullin, In the Rubble of an Airstrike in Yemen, 2016
28  Willens 2017
29  Newseum, 2018

## 1.2 Geschichtliche Einordnung

**Abb. 14** VR-Lab im Newseum. Quelle: Manuela Feyder

**Das Google News Lab**[30] **und die Knight Foundation**[31] **gründen „Journalism 360"**[32] – ein weltweites Netzwerk aus Journalisten und Technologen; ausgerufen auf der Online News Association (ONA) 2016 Konferenz im September 2016. Ziel ist es, das Verständnis für und die Produktion von VR- Journalismus zu beschleunigen. Erreicht werden soll dies u. a. durch Veranstaltungen, Schulungen, gemeinsame Projekte und finanzielle Zuschüsse.

Während bei vielen anderen Veränderungen im Journalismus jedes Medienunternehmen für sich „im Stillen" ausprobiert und entwickelt, kommen im VR-Journalismus die Macher zusammen und arbeiten miteinander. Dafür stehen auch viele Kongresse, Summits und Hackathons.

---

30   Google News Lab, 2017
31   Knight Foundation, 2017
32   Journalism 360, 2017

In Berlin wird seit 2015 eine jährliche VR Konferenz für Journalisten ausgerichtet. Dort werden Themen wie Photogrammetrie in VR-Storytelling oder auch die Rolle von Spatial Audio (räumlicher Klang) besprochen.[33]

**Abb. 15** VR-Konferenz für Journalismus. Quelle: Linda Rath-Wiggins

**Darüber hinaus werden auch neuartige VR-Events ausprobiert** – so gibt es beispielsweise Pop-Up-Läden, in denen VR-Erlebnisse gezeigt werden, kleine Stand-Up-Panels veranstaltet werden und Mini-Workshops angeboten werden.[34]

---

33 Disclosure: Linda Rath-Wiggins ist Co-Organisatorin des Events. Siehe http://vrconference.info/

34 Disclosure: Linda Rath-Wiggins organisiert diese Pop-Up Läden mit ihrer Firma Vragments in Berlin. Siehe https://vrpop.tumblr.com/

**Abb. 16** VR Pop Up Studio in Berlin. Quelle: Linda Rath-Wiggins

**Abb. 17** VR Pop Up Studio in Berlin. Quelle: Linda Rath-Wiggins

**2017/2018**: Die technische Entwicklung und das redaktionelle Ausprobieren setzen sich fort. Die Studie „Virtual Reality – How are public broadcasters using it?"[35] der European Broadcasting Union (EBU), in der 73 Rundfunkanstalten aus 56 europäischen Ländern organisiert sind, zeigt, dass 58 % der EBU-Mitglieder 360°-Videos anbieten oder diese entwickeln oder ausprobieren. Knapp 40 % haben ein VR-Angebot oder entwickeln dieses oder haben Pläne dazu. Mounir Krichane, Projektmanager bei Radio Télévision Suisse (RTS), die für das französischsprachige Publikum produzieren, fasst die Entwicklung so zusammen: *„Bisher haben wir uns hauptsächlich auf 360°-Videos fokussiert, die wir auf Plattformen wie Facebook oder YouTube publiziert und sie auch auf unsere Webseiten eingebunden haben."*[36]

**Für Medienunternehmen ist es die Zeit des Experimentierens.** Sie erhoffen sich tiefere Erkenntnisse über den Nutzer zu bekommen, Geschichten in neuen For-

---

35  EBU Studie, 2017
36  EBU Studie, 2017

## 1.2 Geschichtliche Einordnung

men zu erzählen und neue Geschäftsmodelle auszuprobieren, um eine nachhaltige Refinanzierung für digitale Inhalte zu finden. Das Medium VR gehört zu den neu zu entdeckenden Feldern, die ausprobiert werden.

**Gründe für Medienunternehmen in VR/360° zu investieren:**
- Strategische Positionierung – „bei den Ersten zu sein",
- Innovationswunsch,
- Mitgestaltung und Begeisterung,
- neue Wirkungsmöglichkeit,
- neue Nutzerbeteiligung.

**Was fasziniert Journalisten an VR?** Zillah Watson, VR-Redakteurin bei der BBC beschreibt ihre Intention so: „Ich war von den Möglichkeiten des Geschichtenerzählens überzeugt – indem ich dem Publikum erlaubte, in die Fußstapfen von Reportern zu treten und die Nachrichten selbst zu sehen und zu verstehen."[37]

**Die Faszination für die VR-Technologie** war es bei Michael Hopper, Senior Producer bei VICE News, die ihn zu VR gebracht hat.[38] Mit „Born to be innovative"[39] ist das Online-Profil von Dominik Born, Fachexperte Innovation in der Online-Redaktion des Schweizer Radio und Fernsehen (srf) überschrieben und das Motto setzt sich auch in seinem Engagement für VR/360° fort: *„Neues auszuprobieren und dies auf seine Nutzbarkeit und Einsetzbarkeit abzuklopfen, ist meine Aufgabe."*[40] Und Daniel Stahl, Ressortleiter bei der Heilbronner Stimme/Stimme.de, stellt heraus: *„360° bietet aus unserer Sicht gute neue Möglichkeiten, um unseren Usern Einblicke zu geben, die sie sonst nicht haben."*[41]

**Ein Diskurs über Formate und Medium entsteht.** Wie soll die VR-Story erzählt werden? Wo soll sie ausgespielt werden? Im digitalen Storytelling liegt beides, Format und Ausspielweg, eng beieinander und *„das eine ist nicht unabhängig vom anderen zu betrachten"*, meint Paul Cheung, Direktor Visueller Journalismus bei NBC News Digital, der vorher bei Associated Press (AP) Direktor für interaktive und digitale Nachrichtenproduktion war.[42]

---

37  Watson, BBC VR, 2017
38  Hopper, 2017
39  SRG Insider, 2017
40  Born, 2017
41  Stahl, 2017
42  Cheung, 2017

**Experimentieren ist der Schlüssel dazu**, sich das VR-Medium für den Journalismus zu erschließen. Das dem VR-Journalismus inhärente, immersive Erzählen, bei dem der Nutzer in die VR-Geschichte eintaucht und sich eigenständig entscheidet, wie er sich in der Story bewegen will, bedeutet für den Journalisten non-linear zu denken und zu berichten, unterschiedliche Perspektiven auf die Geschichte zuzulassen und anzubieten. Das bringt gleichsam Chancen, aber auch Hürden mit sich.

## 1.3 Chancen und Herausforderungen

„Normalerweise bringen Journalisten die Geschichte zu den Lesern und Zuschauern. Mit VR-Journalismus bringen sie sie in die Geschichte," sagt Mitch Gelman, Technischer Direktor des „Newseum" in Washington D.C.[43] Auch Chris Papaleo, Geschäftsführer Neue Technologien bei Hearst, erkennt in VR eine Zäsur. Papaleo sieht in der Entwicklung des VR-Journalismus sogar eine größere Veränderung für die Medien, als die von Print- zu digitalen Medien oder von Desktopanwendungen zu mobilen.[44]

### 1.3.1 Chancen

**Mit Hilfe der VR-Technologie** ist der Nutzer nicht länger distanzierter Zuschauer, er ist nun im Zentrum der Geschichte. Vor allem in computerbasierten Produktionen eröffnet sich eine neue Wahrnehmungswelt, die sich von der Wahrnehmung zweidimensionaler Filme elementar unterscheidet, weil der Nutzer in VR eine alle Sinne umfassende, immersive Erfahrung erleben kann – er ist mitten im Geschehen, gegenwärtig und dreidimensional. Dieser Übergang vom Ansehen zum Dabeisein macht die VR-Umgebungen aus.

**Diese Technologie bietet dem Journalisten die Chance**, neue Erlebniswelten zu schaffen und den Menschen mit in das Geschehen zu nehmen und es für ihn erlebbar zu machen.

---

43  Gelman, 2017
44  Marconi and Nakagawa, 2017

## 1.3 Chancen und Herausforderungen

**Chancen**
- neue, immersive Form des Storytellings,
- neue und jüngere Zielgruppen erreichen,
- die Zukunft des Journalismus gestalten und prägen,
- den Medienmarkt durch Zusammenarbeit und Partnerschaften stärken,
- Informationsvermittlung und die Rolle des Journalisten neu denken.

Im VR-Journalismus existiert eine direkte Wechselwirkung zwischen der technischen Entwicklung von Plattformen und Headsets auf der einen, und dem Inhalt auf der anderen Seite. Denn: Es gibt eine hohe Notwendigkeit, qualitativ hochwertigen Inhalt zu produzieren, gleichsam stehen Medienunternehmen vor dem Dilemma der geringen Reichweite, die viele als Maßstab für Investitionen in den VR-Journalismus sehen.

„Content is king"[45] – das galt 1996 als Bill Gates diesen Satz bezogen auf die Entwicklung der digitalen Medien sagte und es gilt weiterhin im VR-Journalismus. Entscheidend ist es, sich das Wissen um die verschiedenen Formen des VR-Storytelling als Journalist und Medienentscheider anzueignen. Die in der EBU-Studie befragten Rundfunkanstalten stellen heraus, dass die Medien nicht den Hauptfokus auf die Geschäftsmodelle und die Refinanzierung haben sollten, sondern der Inhalt und die Talente und Fähigkeiten prioritär sein sollten. Denn: VR-Journalismus biete neue und erweiterte Möglichkeiten, Themen zu erzählen und Menschen ein besseres Verständnis über diese Themen zu geben.

Im Newseum in Washington D.C. ist sich Mitch Gelman, ehemaliger Technischer Direktor, sicher: *„Was wir glauben ist, dass die Menschen, die Minecraft oder Clash of Clans spielen und mit Call of Duty aufwachsen, auch nach einer vergleichbaren interaktiven und immersiven Umgebung suchen, wenn sie sich mit News, Informationen und Unterhaltung beschäftigen. Wir müssen darauf achten, den Komfort bei der Nutzung zu erleichtern, um mit dieser Generation in einem Medium zu kommunizieren, in dem sie sich wohlfühlen und das sie mögen."*[46]

**Die Chance, mit VR neue und jüngere Zielgruppen zu erreichen ist da.** Paul Cheung, Direktor Visueller Journalismus bei NBC News, ist der Überzeugung,

---

45  Evans, 2017
46  Gelman, 2017

dass dieses Denken in den Medien zu kurz greift: *„Ich denke, es ist wichtig, dass wir uns auf die Bedürfnisse des heutigen Publikums einstellen, aber wir haben darauf zu schauen, was kommt als nächstes. Wir müssen auf unsere Kinder schauen. Was erwarten sie von uns? Haben wir das Wissen, das umzusetzen? Sind wir bereit dafür?"*[47]

### 1.3.2 Herausforderungen

**Journalismus in Zeiten des medialen Wandels** und vieler technischer Herausforderungen in einem neuen Medium weiterzuentwickeln, trifft auf Widerstände. Hauptsächlich sind diese im VR-Journalismus als Einstiegshürden in das neue Medium zu sehen, denn zentrale Faktoren, die Medienunternehmen als Wirtschaftsunternehmen antreiben müssen, sind die Zahlen – und in dem Feld mangelt es dem VR-Journalismus noch an überzeugenden Reichweiten und Finanzierungsmodellen. Diese Hürden allerdings zu meistern, die Herausforderungen anzupacken und vorausschauend zu arbeiten, damit die Medienunternehmen auch auf den Zukunftsmärkten bestehen, ist Aufgabe des Medienmanagements.

**Herausforderungen**
- Refinanzierung,
- Technik,
- Reichweite,
- redaktionelles Know-how,
- Nutzerperspektive,
- ethische Verantwortung.

**Bisher gibt es zwar erste Versuche von Refinanzierungsmodellen** für VR-Publikationen, aber es gibt noch keine etablierten Wege, die zum Teil sehr aufwendigen VR-Produktionen zu refinanzieren. Bezogen auf den journalistischen Inhalt existiert eine direkte Wechselwirkung zwischen der technischen Entwicklung von Plattformen und Headsets auf der einen und dem Inhalt auf der anderen Seite. Denn: Es gibt eine hohe Notwendigkeit, qualitativ hochwertigen Inhalt zu produzieren,

---

47 Cheung, 2017

## 1.3 Chancen und Herausforderungen

gleichsam stehen Medienunternehmen vor dem Dilemma der geringen Reichweite, die viele als Maßstab für Investitionen in den VR-Journalismus sehen.[48]

**Die Dynamik im VR-Markt** erschwert Entscheidungen über den Einsatz von Ressourcen und Tools sowie die Anschaffung von technischem Equipment. Die Distribution in den unterschiedlichen Ausspielwegen stellt eine weitere Hürde dar – insbesondere, wenn das entsprechende Fachwissen in den Redaktionen und die Einschätzungen zum Nutzerverhalten fehlen.

**Die Gefahr des Reputationsverlustes und der Nutzerfrustration** durch inhaltlich und qualitativ minderwertige VR-Publikationen besteht: Die meisten Medienunternehmen fokussieren sich auf die Produktion von 360°-Inhalten als Antwort auf den VR-Trend. Es müssen allerdings zunächst Qualitätsstandards gesetzt werden.

**Partnerschaften und der Austausch untereinander** können für Medienunternehmen nicht nur bei der Umsetzung von VR-Inhalten hilfreich sein, sie können auch zum Wissenstransfer beitragen sowie finanzielle Synergien offerieren. Die *„Knowhowträger optimal miteinander zu vernetzen"*[49], darin sieht Patricia Banzer, Redakteurin Mediale Programmentwicklung beim SRF in Zürich, eine besondere Herausforderung. Konkret arbeitet der SRF hausintern redaktionsübergreifend und versteht VR-Publikationen als Projekte. Um ein besseres Verständnis über das Nutzerverhalten zu bekommen, Grundlagen zu erforschen und die Arbeitsabläufe zu reflektieren und zu verbessern, kooperiert der SRF beispielsweise mit der Hochschule Luzern. In einem Jahr sollen qualitativ hochwertige 360°-Videos entstehen, die beim SRF unter srf.ch/360 publiziert und zusammen mit der Hochschule Luzern und der SRF-Abteilung „Markt- und Publikumsforschung" durch sogenannte „Exit-Surveys" und Panels evaluiert werden.[50] Partnerschaften können über Sponsoring oder Förderprogramme erreicht werden.

**Die Erreichbarkeit von Nutzern ist eines der Hauptprobleme** der Medienunternehmen im VR-Markt. Gleichzeitig liegt darin aber auch der Schlüssel zum Erfolg. „VR erneuert die journalistische Herausforderung, das Publikum zu verstehen und mit ihm in Kontakt zu treten", sagt Louis Jebb, Gründer und Geschäftsführer von immersiv.ly.[51] Schaffen es die Medienunternehmen in dem VR-Markt mit journalis-

---

48 Watson, 2017
49 Banzer, 2017
50 Köppen, 2017
51 Jebb, 2017

tischen Produktionen Fuß zu fassen, werden sie eine jüngere Zielgruppe erreichen als dies heute möglich ist. Wie die ARD/ZDF-Onlinestudie 2017 feststellt, weist die Zielgruppe der 14–29-Jährigen im Vergleich zu allen anderen Altersstufen die höchste Nutzungsdauer im Internet auf: über 4:34 Stunden insgesamt, davon allein 1:56 Stunden für die mediale Internetnutzung. Video-on-Demand ist bei den unter 30-Jährigen Teil des Alltags. 88 Prozent schauen mindestens wöchentlich Bewegtbildformate gegenüber 56 Prozent in der Gesamtbevölkerung. Das Smartphone ist dabei das am meisten genutzte Gerät.[52]

**Der Einstieg in den VR-Bereich mit 360°-Videos** ist gerade für Rundfunkanbieter, die Erfahrungen mit visuellem und auditiven Inhalt haben, nahezu zwingend. Die Chance, den Medienmarkt mit innovativen Entwicklungen zu stärken, zu prägen und zu besetzen, ist dabei im Fokus. Darüber hinaus ist die Erreichbarkeit der Nutzer mit 360°-Inhalten vergleichbar gut. Und sie ist in strategischer Hinsicht auch für kleinere Medienunternehmen und Freiberufler eine überschaubare Investition. Für größere Medienunternehmen und Rundfunkanbieter sieht Zillah Watson, BBC, eine Verpflichtung und Notwendigkeit zugleich, sich auch im Markt des „real VR", also der CGI-Produktionen, zu engagieren: *„Mit 360° herumzuspielen, ist vielleicht Spaß für Journalisten, aber das Publikum muss im Mittelpunkt stehen."*[53] Dabei sieht sie die Vorteile von 360°-Inhalten, aber auch deren Begrenztheit in Bezug auf das wirkliche, immersive VR-Erlebnis für den Nutzer. Jebb stellt heraus: „Ein cooles Format ist nicht das Entscheidende für den Nutzer, sondern, dass es für den Nutzer relevant ist."[54]

**Manipulationsmöglichkeiten und Kontextverlust in virtuellen Welten** stellen den Journalisten vor eine ethische Herausforderung. Das sehr subjektive Erleben eines journalistisch aufbereiteten Themas kann, so die häufig zitierte Kritik, dazu führen, dass die Kontextualisierung eines Themas als wichtige Funktion des Journalismus zu kurz greift. Der Einfluss eines VR-Erlebnisses muss wissenschaftlich noch weiter analysiert werden. Fest steht: Ein starkes immersives Erleben hat Einfluss auf die Wahrnehmung des Themas und auf die damit verbundene Einschätzung – es kann zu einem Distanzverlust führen. Die Wirkung und der Einfluss des Mediums auf den Nutzer muss im VR-Journalismus ebenso professionell und verantwortlich gewichtet werden, wie in allen anderen Medien auch.

---

52   ARD/ZDF-Onlinestudie, 2017
53   Watson, 2017
54   Jebb, 2017

## 1.4 Anwendungsfelder

VR-Journalismus ist dort für Nutzer relevant, wo er einen Mehrwert im Vergleich zu anderen Medien oder Nutzungsformen bietet.

**VR-Journalismus bietet Nutzern einen Mehrwert, wenn**
- VR-Technologien einen **Zugang zu Orten** ermöglichen, zu denen Nutzer normalerweise keinen Zugang haben. Dieser beschränkte oder gänzlich unmögliche Zugang kann in der realen Welt geografische Gründe haben, zum Beispiel die Tiefsee oder der Kilimanjaro. der Zugang kann aber auch zeitlich bedingt sein. So kann der Nutzer mit VR beispielsweise in die Vergangenheit reisen und sich an Orte begeben, die mittlerweile nicht mehr auffindbar sind, zum Beispiel das antike Rom. VR kann dem Nutzer auch einen Einblick in die Zukunft eröffnen. In einem solchen Modell ist zum Beispiel auch die Begehung des Berliner Flughafen BER möglich.
- ein **Perspektivwechsel** für den Nutzer möglich ist. Der Nutzer kann in VR etwas anderes darstellen als sich selbst. Er kann sowohl eine andere Person sein, aber auch ein anderes Objekt sein.
- der Nutzer **näher am Geschehen** ist. Dabei kann der Nutzer aus der Vogel- oder Froschperspektive, komplexe Themen verständlicher und schneller erfassen.

Einige Genres, in denen VR-Journalisten diesen Mehrwert erzeugen können:
- Beispielsweise können **Wissenschaftssendungen** davon profitieren, Nutzer komplexe Vorgänge immersiv näher zu bringen.
- Im **Reisejournalismus** können die Reporter ihre Nutzer immersiv einladen, sich selbst ein Bild vor Ort zu machen. Dies trifft auch auf den **Kultur- und Sportjournalismus** sowie das Genre **Zeitgeschehen** zu.
- Im **Nachrichtenbereich** haben die Journalisten die Möglichkeit, ihre Nutzer live dabei sein zu lassen, um Augenzeugen von tagesaktuellen Berichterstattungen zu werden (zum Beispiel bei einem Interview mit einem Staatschef oder bei einer Demonstration).
- Im **Datenjournalismus** können Daten virtuell aufbereitet werden, um bestimmte Korrelationen oder gar Kausalitäten begehbar zu machen.

Andere Branchen wie das Gesundheitswesen, das Militär oder die Gamingindustrie haben diesen Mehrwert für sich bereits entdeckt. Der Journalismus geht erste Schritte – sowohl mit 360°-Produktionen als auch mit volumetrischen Produktionen kann man bereits einige Best Practices erkennen (S. Kapitel Best Practices).

## 1.4 VR-Markt

In den vergangenen Jahren fielen die Prognosen über den VR-Markt überwiegend euphorisch aus[55]. Sowohl der Verkauf von VR-Brillen und 360°-Kameras als auch die Umsetzung von VR-Anwendungen in unterschiedlichen Branchen, sowie die Anzahl nutzergenerierter 360°-Aufnahmen trafen auf hohe Erwartungen. Mittlerweile zeigen die Verkaufszahlen, dass die Adoption am Markt längst nicht so hoch ist wie ursprünglich gedacht[56], zumindest noch nicht. Sowohl der Preis für die VR-Hardware als auch der diversifizierte Markt der Distributionsplattformen stellen Hürden für den Nutzer dar.

**Für Journalisten bedeutet das:** Eine Reichweite wie sie beispielsweise das Fernsehen hat, wird noch nicht erreicht. Für die Entscheider in den Medienhäusern stellt sich daher die Frage nach dem richtigen Distributionsweg und Kostenaufwand. Auch wenn die New York Times berichtet, dass ihre VR-App den erfolgreichsten App-Launch der New York Times darstelle[57], ist dieser Erfolg nicht auf andere Medienhäuser gleichsam zu übertragen. Die Frage nach der Relevanz von Reichweiten über einen Vertriebskanal stellt sich für Medienhäuser unabhängig von den Entwicklungen auf dem VR-Markt. Denn: Reichweite von Online-Inhalten findet auch heute schon nicht mehr nur über einen Kanal statt, sondern die Themen müssen die Nutzer dort erreichen, wo sie Informationen konsumieren wollen.

**Journalisten erleben den Start eines neuen Mediums.** Das bietet ihnen die Chance, Erfahrungen zu sammeln und vielleicht sogar an der Entwicklung eines neuen Mediums mit innovativen Formaten teilnehmen zu können. Freie Journalisten und Medienunternehmen können sich mit diesem Medium mittelfristig Wettbewerbsvorteile verschaffen. Es stellt sich somit nicht die Frage, ob Journalisten und Medienunternehmen mit VR experimentieren, sondern inwiefern sie mit VR experimentieren.

---

55   Reichert, 2017
56   Matney, 2017
57   Jaekel, 2017

## 1.4 VR-Markt

**Um den journalistisch relevanten Teil des VR-Marktes zu erschließen**, müssen Journalisten sowohl technische und inhaltliche Entwicklungen kennen als auch die VR-Nutzer kennenlernen. Jebb stellt dazu heraus: *„Ich denke, die große Frage im VR-Journalismus ist die Vermittlung, das Messaging. Es liegt an der Nachrichtenindustrie, zu vermitteln, wie einfach es ist, immersive Inhalte zu erstellen."*[58]

**Abb. 18**
Eckart Köberich, Leiter VR, ZDF Digital, mit der KanDao Obsidian Go.
Quelle: Manuela Feyder

**Abb. 19**
Sarah Hill, Gründerin von StoryUp mit der Zcam S1.
Quelle: Manuela Feyder

---

58  Jebb, 2017

**Die Marktanalysen sind für den VR-Bereich vielversprechend**: die weltweite Anzahl der VR-Nutzer soll allein in den kommenden zwei Jahren auf 24,4 Millionen steigen und der weltweite Umsatz von 2,5 Milliarden US-Dollar im Jahr 2016 auf 25,5 Milliarden US-Dollar in 2021.[59] Marktführend ist dabei natürlich die Gamingindustrie – jedoch wird die Marktdurchdringung auch auf das Nutzerverhalten beim Konsum von Informationen Auswirkungen zeigen.

Anhand weniger Entwicklungen wird deutlich, dass noch viel in den kommenden Monaten und Jahren auf dem VR-Markt passieren wird. Neue Hardware- und Softwareprodukte werden auf den Markt kommen, bereits existierende Headsets werden möglicherweise keinen nennenswerten Marktanteil in der Zukunft haben, wie das Beispiel Nokia zeigt, die im Oktober 2017 überraschend die weitere Entwicklung an ihrer Kamera „Ozo" einstellten (gleichwohl die Marke als auch die Plattform bestehen bleiben).[60]

**Abb. 20** Ozo-Kamera. Quelle: © INVR.SPACE GmbH

---

59  Statista, 2017
60  Kelion, 2017

## 1.4 VR-Markt

Die Technologie entwickelt sich rasant weiter. Der hier aufgeführte Marktüberblick ist daher eine Bestandsaufnahme zum Publikationszeitpunkt dieses Buches und kann auch dabei nur einen beispielhaften Ausschnitt zeigen. Dennoch gibt das Kapitel hier einen ersten Eindruck, welche VR-Hard- und Software bei der Veröffentlichung von VR-Produktionen für Medienunternehmen zu berücksichtigen sind.

Aus Nutzersicht spielen vor allem zwei Komponenten eine Rolle: die Veröffentlichungsplattform, auf denen die VR-Anwendungen gefunden werden können und die Endgeräte, mit denen die VR-Erlebnisse geschaut werden können. Folgende Aufteilung kann dafür einen ersten Überblick bieten:

**Tab. 3** Aufteilung des VR-Markts. Quelle: Manuela Feyder, Linda Rath-Wiggins

| Hardware für die VR-Nutzung | • Mobile VR-Brillen<br>• Stationäre VR-Brillen<br>• Stand-alone VR-Brillen |
|---|---|
| Veröffentlichungsplattformen | • Soziale Netzwerke<br>• WebVR Plattformen<br>• Weitere VR-spezifische Plattformen<br>• VR Apps |

### 1.4.1 Hardware für die VR-Nutzung

Bei der Betrachtung von VR-Brillen gibt es zwei grundsätzlich verschiedene Ansätze: der VR-Brillenmarkt für mobile und für stationäre VR-Anwendungen. Zusätzlich werden die sogenannten Standalone Brillen angeboten, die weder einen Computer noch ein zusätzliches Handy benötigen, um VR-Erlebnisse zu nutzen.

#### 1.4.1.1 Mobile VR-Brillen

**2017 wurden die Verkäufe einzelner VR-Brillen näher betrachtet.** Die meistverkaufte VR-Brille war mit 96 % aller Headset-Verkäufe das Cardboard von Google[61]. Der mobile Markt wird also grundsätzlich von Cardboards[62] dominiert. Das besondere an den Brillen ist vor allem die einfache Handhabung des Geräts und die unkomplizierte Kombination mit dem eigenen Handy, aber auch der günstige Preis.

---

61 Armstrong, 2017
62 Google Cardboard, 2017

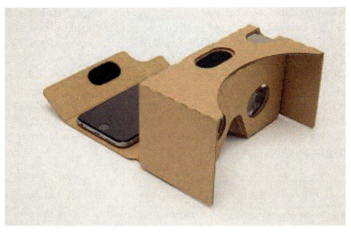

**Abb. 21** Google Cardboard. Quelle: Google LLC

**Ein Cardboard ist ein Karton, der zwei Sammellinsen beinhaltet.** In Kombination mit sämtlichen Handys, welche die Nutzer am vorderen Ende der Brille einschieben, erhält der Nutzer den wohl kostengünstigsten Zugang zu einer großen Auswahl an mobilen VR-Erlebnissen. Die neueren Versionen der Cardboards haben darüber hinaus noch einen Magneten an der Seite der mobilen VR-Brillen, der als Bestätigungstaste bei Handys genutzt werden kann. Die Cardboards von Google wurden 2014 auf den Markt gebracht. Google vertreibt sie beispielsweise über Marketingaktionen der Printmedien wie der New York Times, dem Guardian, Chip oder Blick, über Konferenzen oder durch Online-Verkäufe. Mittlerweile gibt es Händler, die ihre eigenen Cardboards herstellen und verkaufen[63] und es gibt Bauanleitungen im Internet, mit denen Nutzer ihre eigenen Brillen bauen können – „ein Pizzakarton reicht als Grundlage"[64].

**Die Inhalte von VR-Apps der Medienunternehmen** wie der New York Times, dem Guardian, der Süddeutschen, dem Blick oder ARTE können ebenfalls über ein Cardboard gesehen werden. Ebenso die YouTube-App, alle 360°-Produktionen und Web-VR-Anwendungen, die über mobile Browser laufen.

---

63  zum Beispiel Mr. Cardboard, 2017
64  Rixecker, 2014

**Eine weitere mobile VR-Brille** ist die ebenfalls von Google hergestellte Google Daydream[65]. Diese VR-Brille kam 2016 auf dem Markt und ist eine Kombination aus Headset und Controller. Ähnlich einfach wie bei dem Google Cardboard kann diese VR-Brille als Halterung für (Android-)Handys genutzt werden. Hinzu kommt ein kabelloser Controller, mit dem sich Aktionen in VR ausführen lassen (ähnlich einem Laserpointer bei Präsentationen, kann im virtuellen Raum verortet werden und funktioniert als programmierbares virtuelles Werkzeug).

**Abb. 22** Google Daydream. Quelle: Google LLC

**Eine Alternative zu den Brillen von Google** sind die Hardware-Produkte von Samsung[66]. Samsung bietet mit der Gear VR eine VR-Brille an, die auf Basis der Technik von Oculus Rift[67] erstellt wurde. Die Brille verfügt über ein flaches Touchpad zur Steuerung. Über die Gear-VR kann auch Oculus Home bedient werden – eine Plattform, auf der der Nutzer VR-Produktionen aussuchen kann.

---

65  Google Daydream, 2017
66  Samsung Gear VR, 2017
67  Oculus Rift, 2017

**Abb. 23** Samsung Gear VR. Quelle: © INVR.SPACE GmbH

#### 1.4.1.2 Stationäre VR-Brillen

Stationäre VR-Brillen funktionieren mit leistungsfähigen Computern oder Spielekonsolen. Damit verfügt das Setup über eine höhere Rechenkapazität, Grafikleistung und zusätzliche Sensorik für die Erfassung der Position der Brille und Controller im Raum. Darüber hinaus bieten stationäre Brillen im Vergleich zu mobilen VR-Brillen größere Displays und damit ein größeres Sichtfeld für die Nutzer. Zusätzlich ist die Auflösung höher als bei mobilen Endgeräten, so dass das Gefühl der Immersion besser unterstützt wird. Eine weitere Besonderheit bei stationären VR-Brillen ist das Tracking durch Sensoren. Diese erfassen die Bewegungen der Brille und der Controller, so dass dadurch begehbare VR-Erlebnisse möglich sind, die die Bewegungen der Nutzer innerhalb einer VR-Geschichte mit einbeziehen – die sogenannten „Room- oder Fullscale" Anwendungen. Da diese VR-Brillen noch an Kabeln hängen, werden sie auch „tethered" genannt.

**Die Entwicklung der Oculus Rift** begann 2012 mit einer Crowdfunding-Kampagne auf Kickstarter. Diese Kampagne gehörte zu den am stärksten finanzierten Projekten auf der Plattform. Im März 2014 wurde das Unternehmen Oculus von Facebook gekauft.[68]

**Die HTC-Vive**[69] **ist ein weiteres Beispiel für eine stationäre VR-Brille.** Sie wurde von HTC und Valve auf den Markt gebracht. Auf der Vive können Spiele und VR-Erlebnisse über Plattformen wie SteamVR[70] heruntergeladen werden.[71]

---

68 Böhm, Kremp, & Stöcker, 2016
69 Vive, 2017
70 SteamVR, 2017
71 Grohganz, 2017

**Abb. 24** HTC Vive. Quelle: © INVR.SPACE GmbH

### 1.4.1.3 Stand-alone VR-Brillen

Um den Konsumentenmarkt besser zu erschließen, sind komfortablere technische Lösungen für Headsets entscheidend. Dementsprechend bringen die Tech-Unternehmen Google, Facebook, HTC, Lenovo und Samsung 2018 kabellose Headsets auf den Markt – die sogenannten *Standalone*-Brillen. Weder Smartphones noch Computer werden zur Nutzung gebraucht – technologisch handelt es sich allerdings um ein Headset mit fest eingebautem Smartphone.

**Eine Milliarde Menschen möchte Mark Zuckerberg** mit seiner neuen Standalone-Brille Oculus Go erreichen.[72] Jede VR-Brille ist mit einer VR-Plattform verbunden, auf denen der Nutzer kompatible VR-Anwendungen erleben kann. Es ist davon auszugehen, dass sich der VR-Markt in den kommenden Monaten und Jahren weiterhin dynamisch verhalten wird – neue Generationen der bereits genannten Brillen werden auf dem Markt kommen, aber auch neue Hersteller sind vorstellbar, die mit neuen Technologien und dazugehörigen Plattformen publiziert werden.

### 1.4.2 Veröffentlichungsplattformen

**Veröffentlichungsplattformen stellen dem Nutzer** das VR-Erlebnis zur Verfügung. Es existieren eine Fülle von möglichen Veröffentlichungswegen: mittlerweile haben Soziale Netzwerke 360°-Funktionen, im Browser können VR-Anwendungen direkt angeschaut werden, aber auch über VR-spezifische Plattformen und Apps kann der Nutzer VR-Inhalte erleben.

---

72 Zuckerberg, 2017

## 1.4.2.1 Soziale Netzwerke

**Soziale Netzwerke wie Facebook haben den Vorteil,** dass 360°-Inhalte genau dort veröffentlicht werden, wo sich viele Nutzer bereits befinden. Sowohl 360°-Videos als auch 360°-Fotos können innerhalb dieser Plattform angeschaut und mit Freunden geteilt werden. Darüber hinaus kann eine Anschlusskommunikation stattfinden, in der bei Bedarf auch Feedback vom Produzenten eingeholt werden kann. Facebook bietet mittlerweile sogenannte Heatmaps in den Analytics an. Mit ihnen kann der Journalist sehen, in welche Richtungen die Nutzer in der 360°-Sphäre tatsächlich geschaut haben. Twitter ist ein weiteres Soziales Netzwerk, auf dem 360°-Inhalte geteilt werden können. Über Periscope gibt es die Möglichkeit, 360°-Videos live zu übertragen. Auch hier besteht die Möglichkeit zur Anschlusskommunikation mit dem Publikum.

**Darüber hinaus können 360°-Videos auf Videoplattformen** wie YouTube oder Vimeo hochgeladen werden. Diese Videos können geteilt oder auf anderen Webseiten eingebettet werden.

Ein Nachteil bei dieser Veröffentlichungsform ist der nicht-interaktive Charakter der VR-Erlebnisse. Es werden lineare Inhalte veröffentlicht.

## 1.4.2.2 WebVR-Plattformen

**VR-Anwendungen können darüber hinaus auch über Browser genutzt werden.** Das bedeutet, die VR-Erlebnisse funktionieren – sowohl stationär als auch mobil – direkt über Browser wie Chrome, Safari oder Firefox. WebVR-Anwendungen können damit über unterschiedliche Endgeräte laufen und haben eine hohe potenzielle Reichweite. Zusätzlich können interaktive Elemente in WebVR-Anwendungen integriert werden. So kann der Journalist in interaktiven VR-Erlebnissen sogenannte Hotspots setzen, die dann mit Controllern oder mit dem Blick („gaze-based") vom Nutzer getriggert werden können.

**Fader**[73] **ist ein Produkt für VR-Journalisten,** das es erlaubt, 360°-Geschichten via WebVR sehr schnell und sehr einfach zu produzieren und zu publizieren.[74] Jeff Javis, US-amerikanischer Journalist und Professor an der „Graduate School

---

73 Fader, 2018
74 Disclosure: Linda Rath-Wiggins ist Co-Gründerin des VR Startups Vragments. Vragments entwickelt das VR-Produkt Fader

of Journalism", City University in New York, stellt heraus: *"Jeder Newsroom sollte mit Fader experimentieren. Es ist der Türöffner ins VR-Storytelling."*[75]

**Abb. 25** Screenshot Fader. Quelle: Linda Rath-Wiggins

### 1.4.2.3 VR-spezifische Plattformen

**Oculus Home**[76] **und SteamVR**[77] werden hier stellvertretend als zwei der momentan prominentesten Plattformen aufgelistet: Beide Plattformen bieten eine große Auswahl an VR-Erlebnissen (Spiele, aber mittlerweile auch journalistische Anwendungen) für VR-Brillen. Da sie nur für die stationären Endgeräte ausgerichtet sind, können Nutzer auf diesen Plattformen qualitativ hochwertige VR-Erlebnisse nutzen. Nicht nur interaktive, sondern auch Roomscale VR-Erlebnisse stehen dort zur Verfügung.

---

75  Jarvis, 2017
76  Oculus, Oculus Experiences, 2018
77  SteamVR, 2018

## 1.4.2.4 VR-Apps

**VR-Apps für mobile Endgeräte** können auf Android- oder iOS-Handys heruntergeladen werden. Jede VR-App kann 360°-Erlebnisse oder auch VR-Anwendungen mit News Charakter anbieten.

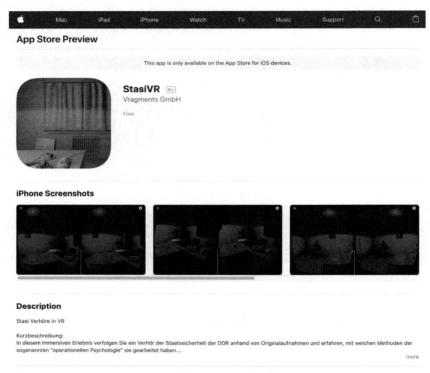

**Abb. 26** StasiVR App im iTunes Store, Screenshot. Quelle: Vragments GmbH

## 1.5 Best Practices

Es gibt mittlerweile eine Vielzahl von Best Practices im VR-Journalismus, die im Rahmen dieses Buchvorhabens hätten vorgestellt werden können. Die Autorinnen haben sich entlang einer Favoritenliste der Interviewpartner orientiert und sowohl

## 1.5 Best Practices

deutsch- als auch englischsprachige Beispiele gewählt. Diese Liste hat keinen Anspruch auf Vollständigkeit. Hinzu kommt, dass ständig weitere Beispiele publiziert werden, die in dieses Buch gepasst hätten. Die Autorinnen unterteilen die Beispiele entsprechend der Produktionsart und des Distributionswegs. Eine Liste weiterer VR-Beispiele kann auf der Webseite zum Buch gefunden werden.

### 1.5.1 CGI-Beispiel für stationäre Endgeräte

#### 1.5.1.1 Remembering Pearl Harbor[78]

In dieser VR-Dokumentation des US-amerikanischen Medienunternehmens Time Inc., die von „LifeVR", der VR-Plattform von Time Inc., entwickelt wurde, erlebt der Nutzer den Angriff auf Pearl Harbor aus der Sicht eines Zeitzeugen.

**Abb. 27** Screenshot „Remembering Pearl Harbor". Quelle: Life VR

Dieser nimmt den Nutzer auch mit in die Zeit 75 Jahre nach dem Angriff. Während des gesamten VR-Erlebnisses interagieren die Nutzer in virtuellen Versionen der Artefakte aus dieser Zeit.

---

78 TIME, 2016

**Abb. 28** Screenshot „Remembering Pearl Harbor". Quelle: Life VR

**Abb. 29** Screenshot „Remembering Pearl Harbor" Quelle: Life VR

Der Nutzer navigiert sich durch diese immersive, „Roomscale"-Anwendung, die sowohl historischen Charakter hat, als auch als eine Bildungsanwendung gesehen werden kann.[79] Diese VR-Geschichte wurde mit Hilfe von Ressourcen aus dem National World War II Museum und der Library of Congress produziert. Der ausgezeichnete Autor und Pearl Harbor-Experten Craig Nelson war historischer Berater bei diesem VR-Projekt.

Diese Ende 2016 entstandene und ständig überarbeitete VR-Anwendung ist auf den Plattformen SteamVR und Viveport zu finden und kann mit der VR-Brille HTC-Vive erlebt werden.

**Anwendungsfeld**: Zeitreise
**Produktionsart**: CGI
**Distributionsweg**: stationäres Endgerät
**Darstellungsform**: VR-Dokumentation
**Genre**: Zeitgeschehen, Bildung

### 1.5.1.2 We Wait[80]

Die BBC veröffentlichte 2015 dieses VR-Erlebnis, in dem der Nutzer mit einer syrischen Familie auf einem Schlepper-Boot von der Türkei nach Griechenland flüchtet. Die VR-Geschichte basiert auf Interviews, die die BBC mit Geflüchteten geführt hat. Es wird als ein Bildungswerk kategorisiert. Es gibt viele Gründe, warum dieses Erlebnis zu einem Best Practice erklärt werden kann. Zum einen spielt der Ort beziehungsweise die Umgebung eine große Rolle in der Geschichte. Sie hätte nirgendwo anders stattfinden können, da es um die konkrete Flucht dieser syrischen Familie geht. Das Besondere an diesem Ort ist die Tatsache, dass es den Nutzern Zugang zu einer Situation verschafft, die für die Zielgruppe nicht alltäglich ist. Das Erlebnis soll im Sitzen ausprobiert werden, die Narrative ist linear gestaltet und der Nutzer hat nicht die Möglichkeit, in das Geschehen einzugreifen. Der Nutzer wird zwar direkt angesprochen und ist am Geschehen durch die unmittelbare Auseinandersetzung beteiligt, Aktivitäten haben aber keinen Einfluss auf den Ausgang der Geschichte. Das VR-Erlebnis ist für die VR-Brille Oculus Rift optimiert.

---

79 Tramz, 2016
80 BBC, 2015

We Wait - Trailer

**Abb. 30** Screenshot der VR-Anwendung von BBC: We Wait. Quelle: BBC

**Anwendungsfeld**: Zeitreise
**Produktionsart**: CGI
**Distributionsweg**: stationäres Endgerät
**Darstellungsform**: VR-Dokumentation
**Genre**: Zeitgeschehen, Bildung

### 1.5.2 CGI-Beispiel für mobile Endgeräte

#### 1.5.2.1 6x9: Explore solitary confinement in 360°[81]

Guardian's „6x9: A virtual experience of solitary confinement" ist ein VR-Erlebnis, in dem Nutzer nachvollziehen können, was es bedeutet, für eine lange Zeit in einer Einzelhaftzelle eingesperrt zu sein. Am Beispiel einer US-Einzelhaftzelle wird dieses VR-Erlebnis über eine mobile App den Usern vermittelt.

---

81  The Guardian, 2016

## 1.5 Best Practices

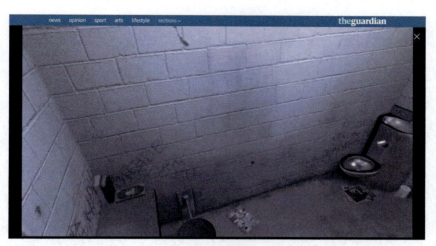

**Abb. 31** Screenshot der VR-Anwendung 6x9. Quelle: The Guardian

Der User befindet sich direkt in der Zelle und hört ehemalige Gefangene, ihre Eindrücke und was sie erlebt haben. Die VR-Story beginnt mit den Worten: „Welcome to your cell" – der User wird also direkt angesprochen, darauf folgen mehrere Stimmen im Off, die erzählen, was sie in solch einer Einzelhaftzelle erlebt und empfunden haben. Nach einer kurzen Zeit schwebt der Nutzer durch den Raum, die Bilder werden zum Teil unscharf, das Licht geht nach einer Weile aus und Texte erscheinen an der Wand. Es ist, als sei der Nutzer tatsächlich in dieser Zelle. Die Nutzer bekommen Zugang zu nicht-alltäglichen Situationen. Ein Perspektivwechsel wird angeboten.

**Anwendungsfeld**: besonderer Ort, der Menschen nicht ohne weiteres zugänglich ist.
**Produktionsart**: CGI
**Distributionsweg**: mobiles Endgerät
**Darstellungsform**: VR-Dokumentation
**Genre**: Zeitgeschehen

### 1.5.2.2 Stasiverhöre: Manipulierte Geständnisse[82]

In diesem VR-Erlebnis[83] des Deutschlandfunk Kultur können verschiedene Methoden eines Stasi-Verhörs anhand von Original-Audios nachvollzogen werden. Der Nutzer übernimmt in dieser Anwendung die Perspektive eines Protokollanten während des Verhörs und befindet sich in einem realistisch angelegten virtuellen Raum. „Durch das Gefühl vor Ort zu sein, erschließen sich Ereignisse sehr subjektiv und unmittelbar", erklärt Jana Wuttke, Journalistin bei Deutschlandfunk Kultur und Produzentin der VR-Anwendung, auf der dazugehörigen Webseite.

**Abb. 32** Screenshot der VR-Anwendung Stasiverhöre: Manipulierte Geständnisse. Quelle: Vragments

Stephan Gensch, Entwickler der VR-Anwendung, schätzt das Projekt folgendermaßen ein: „Durch das Zusammenspiel von Original-Audios und dem computergenerierten Raum, ist es uns gelungen, die prägnanten Stellen der Machtbeziehung zwischen Verhörer und Verhörtem zu verdeutlichen. Wir haben bewusst mit der Immersion gebrochen, indem wir die Möglichkeit geschaffen haben, Kontextinformationen im Laufe des VR-Erlebnisses zu aktivieren. Dadurch ist StasiVR nicht einfach nur ein Reenactment des Vergangenen, sondern eine erlebbare Auseinandersetzung mit Geschichte."[84]

---

82 Deutschlandradio Kultur, 2017
83 Disclosure: Dieses VR-Erlebnis wurde von Vragments produziert. Das Unternehmen wurde von Autorin Linda Rath-Wiggins gegründet.
84 Gensch, 2018

## 1.5 Best Practices

> **Anwendungsfeld**: besonderer Situation, in der der Nutzer eine fremde Rolle einnimmt.
> **Produktionsart**: CGI
> **Distributionsweg**: mobiles Endgerät
> **Darstellungsform**: VR-Reportage
> **Genre**: Kultur

### 1.5.2.3 LoVR[85]

Dieses VR-Erlebnis wurde von der amerikanischen Produktionsfirma Within produziert. Within wurde vom Filmemacher Chris Milk gegründet und hat viele andere herausragende VR-Beispiele erstellt, unter anderem The Displaced, Waves of Grace und Clouds over Sidra. LoVR ist ein datengetriebenes VR-Beispiel, in dem künstlerisch dargestellt wird, welche chemischen Reaktionen im Gehirn in den ersten vier Sekunden entstehen, wenn sich ein Mensch verliebt. Diese abstrakte Darstellungsweise unterscheidet sich insofern von den bisher beschriebenen VR-Erlebnissen, als dass der Nutzer sich durch Visualisierungen und Sound das Thema erschließt.

**Abb. 33** LoVR. Quelle: Within

---

85   Within, 2016

Es ist erst der Beginn einer Entwicklung, wie Datenvisualisierungen in einer Sphäre einen Mehrwert erzeugen können. Während des VR-Erlebnisses kann der Nutzer sich umschauen und sich mit den Informationen auf spielerische Art und Weise vertraut machen.

**Anwendungsfeld**: Datenvisualisierung
**Produktionsart**: CGI
**Distributionsweg**: mobiles Endgerät
**Darstellungsform**: VR-Dokumentation
**Genre**: Wissenschaft

### 1.5.3 Mix aus 360°- und volumetrischen Produktionen für stationäre und mobile Endergäte

#### 1.5.3.1 Gladiatoren im Kolosseum

Dieses VR-Erlebnis aus der ZDF-Reihe Terra X ist ein besonders anschauliches Beispiel dafür, wofür VR eingesetzt werden kann. Der Nutzer befindet sich im Kolosseum – 80 n.Chr. – und erlebt hautnah mit, wie ein Gladiatorenkampf abgelaufen ist. Anstatt den Kampf von der Bühne aus zu sehen, ist der Nutzer hier inmitten der Gladiatoren und kann ein Gefühl dafür bekommen, wie solch ein historisches Event ablief. Die VR-Anwendung ist ein interessanter Mix aus stereoskopischer Aufnahme und computer-generiertem Modell. Ein Making-of[86] zeigt, wie die Gladiatoren vor einem Green Screen stereoskopisch aufgenommen wurden. Danach wurden diese Aufnahmen in einem virtuellen Objekt, dem Kolosseum, dargestellt und eingebaut. Das ZDF hat mittlerweile eine VR-App für mobile Endgeräte, in der regelmäßig neue VR Erlebnisse publiziert werden.

**Anwendungsfeld**: Zeitreise
**Produktionsart**: volumetrisch
**Distributionsweg**: stationäres Endgerät
**Darstellungsform**: VR-Reportage
**Genre**: Geschichte

---

[86] Terra X, 2016

## 1.5.3.2 Across the Line

Across the Line"[87] ist eine immersive VR-Story, die 360°-Videos und CGI kombiniert. Der Nutzer wird in der VR-Dokumentation in die Rolle einer Patientin versetzt, die auf dem Weg in eine Abtreibungsklinik ist, um dort eine legale Abtreibung vornehmen zu lassen. Auf dem Weg dorthin erlebt sie einen Spießrutenlauf durch die Menge von Abtreibungsgegnern. Die Produzenten haben dazu die Geschichte einer real existierenden Frau genommen und ihre Erlebnisse und Eindrücke in dieser VR-Geschichte geschildert. Die Abtreibungsgegner schreien die Patientin und ihre Begleiterin an, kommen ihnen sehr nah („No-no-Zone") und die in CGI geschaffenen Personen wirken sehr realistisch.

Die VR-Dokumentation besteht aus drei Szenen. In der ersten Szene befindet sich der Nutzer im Untersuchungsraum der Abtreibungsklinik.

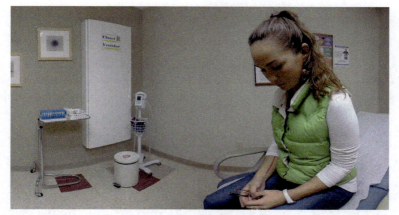

**Abb. 34** Screenshot „Across the Line". Quelle: Nonny de la Peña, Emblematic Group, in Zusammenarbeit mit Brad Lichtenstein und Jeff Fitzsimmons von 371 Productions/Custom Reality Services und Planned Parenthood

Die Szene verblasst, als der Nutzer in der Zeit zurückreist, um der Patientin und ihrer Freundin in die Abtreibungsklinik zu folgen. In der zweiten Szene trifft der Nutzer während dieser Fahrt zur Abtreibungsklinik auf Demonstranten, die Plakate hochhalten und sie beschimpfen.

---

87  de la Peña, 2016

**Abb. 35** Screenshot „Across the Line". Quelle: Nonny de la Peña, Emblematic Group, in Zusammenarbeit mit Brad Lichtenstein und Jeff Fitzsimmons von 371 Productions/Custom Reality Services und Planned Parenthood

Die dritte und letzte Szene verwendet computergenerierte Grafiken. Der Nutzer tritt in die Schuhe der Patientin und muss sich durch die Gruppe der sie einschüchternden Demonstranten gehen. Der Nutzer wird direkt von den Demonstranten beschimpft.

**Abb. 36** Screenshot „Across the Line". Quelle: Nonny de la Peña, Emblematic Group, in Zusammenarbeit mit Brad Lichtenstein und Jeff Fitzsimmons von 371 Productions/Custom Reality Services und Planned Parenthood

## 1.5 Best Practices

Die Audios, aufgenommen von realen Demonstrationen vor Abtreibungskliniken, verstärkt die realistische Immersion dieser VR-Story.

**Abb. 37**  Screenshot „Across the Line". Quelle: Nonny de la Peña, Emblematic Group, in Zusammenarbeit mit Brad Lichtenstein und Jeff Fitzsimmons von 371 Productions/Custom Reality Services und Planned Parenthood

Die VR-Dokumentation wurde von Nonny de la Peña, Emblematic Group, in Zusammenarbeit mit Brad Lichtenstein und Jeff Fitzsimmons von 371 Productions/Custom Reality Services erstellt und von Planned Parenthood produziert. Die VR-Anwendung ist für die HTC Vive optimiert. Mit der Samsung Gear VR, dem Google Cardboard oder als mobile Anwendung auf dem Handy ist die VR-Story auch zu erleben.

**Anwendungsfeld**: Situation aus der 1. Person-Perspektive, die in der Realität nur Betroffenen zugänglich wäre.
**Produktionsart**: 360° und CGI
**Distributionsweg**: stationäres und mobiles Endgerät
**Darstellungsform**: VR-Dokumentation
**Genre**: Politik

### 1.5.3.3 Der Kölner Dom in 360°

Das vom WDR publizierte VR-Erlebnis ist ein weiteres Beispiel dafür, wie man VR-Nutzer nicht nur an einen anderen Ort, sondern in eine andere Zeit versetzen kann. Vor allem das Segment der Zeitreise ist eine spannende Umsetzung, weil der Nutzer sich in verschiedene Epochen zurückversetzen lassen kann und einen inneren Monolog verschiedener Zeitgenossen verfolgen kann. Der Nutzer nimmt hier eine passive Rolle ein, kann aber immer bestimmen, welche Epoche er sich anschauen möchte.

> **Anwendungsfeld:** Zeitreise
> **Produktionsart:** 360°
> **Distributionsweg:** mobiles Endgerät
> **Darstellungsform:** VR-Dokumentation
> **Genre:** Kultur

### 1.5.3.4 A100 VR

In diesem VR-Erlebnis des Rundfunk Berlin-Brandenburg (rbb) wird der Nutzer in die Zukunft versetzt[88]. Die geplante Erweiterung der Autobahn A100 in Berlin kann vom Nutzer nachvollzogen werden. In einem virtuellen Raum können auf einem Berliner Kartenausschnitt einzelne Orte ausgesucht werden, um einen Eindruck davon zu bekommen, wo die A100 entlangführen wird und welche Auswirkungen das haben wird.

Sobald der Nutzer einen Ort ausgesucht hat, werden 360°-Fotos mit Audios abgespielt, die beispielsweise die Anwohner zu Wort kommen lassen. Der Nutzer kann sich so Argumente und Gegenargumente zum Bau der A100 anhören. „Es gab ganz pragmatische Gründe, warum wir 360°-Inhalte mit CGI kombiniert haben,"[89] sagt Gensch, Chief Product Officer des Berliner VR-Unternehmens Vragments. „Auszüge des Stadtmodells in CGI zu zeigen gab uns die Möglichkeit, den zukünftigen Verlauf der Autobahn effektiv darzustellen. Mit den 360°-Fotos inklusive der Audios hatten wir darüber hinaus gutes realistisches Material, um den Ist-Zustand abzubilden." Der Nutzer wird hier zwar nicht direkt angesprochen, allerdings hat er Interaktionsmöglichkeiten, da er entscheidet, welchen Ort und welches Interview er erleben möchte.

---

88 Linda Rath-Wiggins war mit ihrem Unternehmen Vragments an der technischen Entwicklung des VR-Projekts beteiligt.
89 Gensch, 2018

## 1.5 Best Practices

**Abb. 38** „VR-Anwendung A100 VR", Screenshot aus der Game-Engine Unity. Quelle: Stephan Gensch

**Anwendungsfeld**: Zeitreise
**Produktionsart**: 360°
**Distributionsweg**: mobiles Endgerät
**Darstellungsform**: VR-Dokumentation
**Genre**: Regionales

### 1.5.4 360°-Beispiele für mobile Endgeräte

#### 1.5.4.1 Gotthard-Tunnel 360° [90]

Zur Eröffnung des Gotthard-Basistunnels hat der SRF 2016 ein 360°-Erlebnis publiziert. Das VR-Erlebnis ist linear aufgebaut, kann über YouTube gesehen werden und erinnert an einen klassischen Bericht, denn eine Off-Rednerin führt durch den VR-Film.

---

90 SRF, 2016

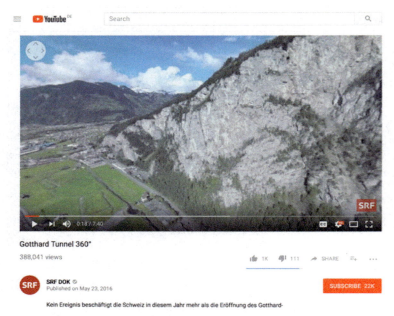

**Abb. 39** Screenshot der VR-Anwendung Gotthard Tunnel 360°.
Quelle: SRF DOK Kanal auf YouTube

Den Mehrwert für den Nutzer bekommt das Thema durch die 360°-Darstellungen. Der Nutzer wird an Orte innerhalb des Tunnels gebracht, zu denen er normalerweise keinen Zutritt hat. Hier zeigt der SRF 360°-Bilder und der Nutzer kann sich einen Eindruck davon machen, wie es ist, vor Ort zu sein. Die Nutzer bekommen also nicht nur einen Ausschnitt mit, sondern erleben den Ort immersiv.

Der SRF folgt damit der Zielsetzung, möglichst viele Nutzer zu erreichen. Laura Köppen, Programm-Strategie und Publikumsforschung beim SRF, beschreibt die Erfahrung mit den Nutzern so: *„Die meisten Menschen haben sich das 360°-Video direkt auf dem mobilen Telefon oder Laptop angesehen – ohne am Anfang überhaupt zu merken, dass es ein 360°-Film ist. Die Nutzer fanden es zuerst total öde. Dann haben wir gesagt, ‚dreh Dich mal um' und auf einmal hat es für sie Sinn gemacht!"*[91]

---

91  Köppen 2017

## 1.5 Best Practices

Auf der Internetseite zum VR-Erlebnis bietet der SRF weitere Hintergrundinformationen zum Dreh, der Technik und ein Making-of.

> **Anwendungsfeld**: unzugänglicher Ort, den Menschen nicht ohne weiteres in dieser Art erleben können.
> **Produktionsart**: 360°
> **Distributionsweg**: mobiles Endgerät
> **Darstellungsform**: VR-Dokumentation
> **Genre**: Zeitgeschehen

### 1.5.4.2 Ebola Outbreak von Frontline[92]

Die Nutzer können in diesem VR-Erlebnis vom öffentlich-rechtlichen US-Sender PBS den Ausbruch der Ebola Epidemie von 2014 nachvollziehen. In diesem Erlebnis werden 360°-Aufnahmen mit „herkömmlichen" 2D-Videos kombiniert.

**Abb. 40** Screenshot Ebola Outbreak: A Virtual Journey. Quelle: pbs.org

---

92 Taddonio, 2015

Grafische Elemente stellen die Verbreitung des Virus über unterschiedliche Länder in Westafrika auf einer Karte dar. Der Verlauf der Narration ist linear, dem Nutzer werden Geschichten präsentiert. Er hat allerdings keine Möglichkeit, in der Geschichte zu interagieren. Ganz am Anfang der Anwendung erlebt der Nutzer einen kompletten Perspektivwechsel: Er fliegt durch den Körper.

**Anwendungsfeld**: Perspektivwechsel
**Produktionsart**: 360°
**Distributionsweg**: mobiles Endgerät
**Darstellungsform**: VR-Dokumentation
**Genre**: Wissenschaft

### 1.5.4.3 Michelle Obama 360[93]

The Verge haben Anfang 2016 ein 360°-Interview mit Michelle Obama veröffentlicht. Das interessante an diesem Beispiel ist die Nutzung weiterer grafischer Elemente, die über dem 360°-Video liegen.

**Anwendungsfeld**: Einblick in ein Setting, in dem sich Menschen gewöhnlich nicht befinden.
**Produktionsart**: 360°
**Distributionsweg**: mobiles Endgerät
**Darstellungsform**: VR-Interview
**Genre**: Politik

## 1.5.5 VR-Apps

Anstatt hier ein spezifisches Beispiel herauszupicken, wird auf verschiedene Apps aufmerksam gemacht. Sie können auf Android oder iPhones heruntergeladen werden. Jede App kann 360°-Erlebnisse oder auch VR-Anwendungen mit News-Charakter anbieten. Meist werden lineare Geschichten erzählt.

**LifeVR** – die VR-App des US-amerikanischen TIME Inc.-Konzerns – bringt den Nutzer unter anderem mit dem VR-Erlebnis Mount Everest an einen Ort, den kaum ein Mensch erreicht. In vier verschiedenen Kapiteln kann er den Aufstieg erleben

---

93  The Verge 2016

## 1.5 Best Practices

und mitmachen. Das Erlebnis verfolgt drei Bergsteiger, der Nutzer wird dabei nicht direkt angesprochen. Die Nutzer sind in diesem Beispiel eher stille Beobachter. LifeVR ist die VR-Plattform für die Marken TIME, People, Sports Illustrated, Real Simple, Essence, Southern Living, und InStyle. Life VR bietet VR-Erlebnisse aus den Genres dieser Publikationen.

**NYT VR-App** – diese App bietet ebenfalls ein Bouquet unterschiedlicher VR-Erlebnissen. Zum einen kommt der Nutzer über die App zu den Videos von „The Daily 360" – ein 360° Nachrichtenformat der New York Times, das jeden Tag ein neues 360°-Thema veröffentlicht. Dieser Teil verdeutlicht die Investitionen der NYT in VR, welche unter anderem durch die Partnerschaft mit Samsung zustande gekommen ist, die als Technologie- und Plattformsponsor mitwirkten. Ein weiteres bekanntes 360°-Beispiel in dieser App ist „The Fight for Falluja" – ein Erlebnis, in dem der Nutzer in der irakischen Stadt Falludscha ist.

**CNN VR** – CNN bietet die VR-Erlebnisse an, ohne dass der Nutzer eine App herunterladen muss. So kann jeder mit einem Browser die verschiedenen VR-Erlebnisse betrachten. Auch hier gibt es viele Beispiele, die vor allem Nachrichtencharakter haben.

**Blick VR** – ein Beispiel ist das 360°-Erlebnis in einem Einzelhafttrakt in den USA – dort werden Interviews geführt, der Nutzer ist quasi Besucher des Gefängnisses.

**SZ VR** – Auch die Süddeutsche Zeitung bietet eine VR-App an. Die 360° Erlebnisse decken unterschiedliche Themengebiete ab, wie Reisen, aber auch Nachrichtenformate. In einem Beispiel geht es um den Bau eines neuen Bahnhofs in München. Sowohl 360° Elemente als auch computergenerierte Modelle werden dafür genutzt.

# Das Handwerk: VR-Storytelling 2

### Zusammenfassung

„VR-Storytelling sollte nicht behandelt werden wie feines Porzellan, das wir in ein Regal stellen oder es nur zu speziellen Anlässen auf den Tisch bringen", meint Sarah Hill, Gründerin von StoryUP, einer US-amerikanischen Agentur für VR-Storytelling, *„der einzige Weg, wie wir lernen, welche Geschichten in immersiven Umgebungen funktionieren, ist, wenn wir das Porzellan zerschlagen!"*[94] Doch was ist zu beachten beim VR-Storytelling? Welche Erfahrungen haben andere Journalisten bereits gemacht? Und gibt es Erzählformen, die verfangen? Diesen Fragen geht das Kapitel nach und zeigt auf, inwiefern der Journalist eine neue Perspektive auf seine Story einnehmen wird. Darüber hinaus betrachtet das Kapitel die besondere Position des Nutzers in der VR-Geschichte und gibt einen intensiven Einblick in die Denkweise und das Storyboarding im VR-Journalismus. Beispiele für journalistische Darstellungsformen in VR vermitteln einen ersten Eindruck über die Systematik im VR-Journalismus.

### Schlüsselbegriffe

VR-Storytelling, Prototyping, Storyboard, Präsenz, Darstellungsformen, VR-Nutzer

---

94 Hill, 2017

## 2.1 Erzählstruktur

Ob „Storyliving"[95] oder „dynamisches Storytelling"[96] – viele Begriffe versuchen zu erfassen, worum es beim Umsetzen von journalistischen Inhalten in VR geht. Was genau unterscheidet das VR-Storytelling von anderen Erzählformen im Journalismus?

**Klassisch-narrative Elemente** wie Charakter, Konflikt, Handlung, Dramaturgie sind im VR-Storytelling ebenso relevant. Ein Denken in Bildern und ein Gespür für Audios sind im VR-Journalismus genauso gefragt wie in anderen Medien. „Das Internet als Verbreitungs- und Contentplattform macht eine Differenzierung nach Mediengattungen zunehmend unmöglich", diesen Schluss ziehen die Autoren der ARD-/ZDF Onlinestudie.[97] Das VR-Medium verwendet Bezeichnungen, die aus dem klassischen Journalismus und seinen Darstellungsformen bekannt sind wie Dokumentation und Reportage, aber es bricht mit ihnen.

**Der Begriff „Darstellung"** steht für Beschreibung, Schilderung, also einen passiven Vorgang, der vom Journalisten erdacht, erstellt und dirigiert wird. Und da liegt auch der wesentliche Unterschied zum journalistischen Arbeiten in VR: Der Journalist ist kein Dirigent, er bietet eine Erlebniswelt an, in der sich der Nutzer – abhängig vom Grad der Immersion – frei und interaktiv verhalten kann. Der Nutzer ist, wie in der Einleitung bereits beschrieben, aktiv und präsent.

**Nach dem zweiten Weltkrieg** orientierte sich der deutsche Journalismus an der amerikanischen Unterteilung der journalistischen Darstellungsformen, die Information und Meinung strikt trennte. Es entstand die Unterteilung in informierende und meinungsäußernde Darstellungsformen.[98]

**Diese Einteilung in informierende und meinungsäußernde Darstellungsformen** wird von allen klassischen Medien wie Radio[99] und Fernsehen[100] entsprechend angewandt. Betrachten auch die unterschiedlichen Lehrstühle und Schulen des Journalismus die Definitionen und Auslegungen der journalistischen Darstellungs-

---

95 Google News Lab, 2017
96 Marconi & Nakagawa, 2017
97 ARD-/ZDF Onlinestudie 2017, 2017
98 von La Roche, 2004
99 von La Roche and Buchholz, 2017
100 Schult and Buchholz, 2016

formen durchaus unterschiedlich, so bleibt ihnen die Fokussierung auf den Text als Medium inhärent.[101] Erstmals kamen diese Definitionen im digitalen Journalismus an ihre Grenzen: Das Internet als neues Medium für den Journalismus veränderte diese Unterscheidung und ergänzte Stilformen, beispielsweise durch sogenannte „Mash-ups" oder „Snowfall"-Konzepte, bei denen Darstellungsformen innerhalb einer Internetpublikation durchaus gemischt werden. Allerdings orientierten sich die Medien auch weiterhin an den journalistischen Darstellungsformen und subsumierten die neuen, interaktiven Formen unter diese Begrifflichkeiten.

**Eine solche Systematik** scheint für VR-Publikationen nicht mehr zu greifen. Am ehesten erscheint die Darstellungsform „Reportage" für die Stilformen in VR zu gelten – allerdings in der ursprünglichen Auslegung von Egon Erwin Kisch aus 1925: „Nichts ist verblüffender als die einfache Wahrheit, nichts ist exotischer als unsere Umwelt, nichts ist phantasievoller als die Sachlichkeit."[102] Und den Journalisten beschreibt Kisch so: *„Der gute braucht Erlebnisfähigkeit zu seinem Gewerbe, das er liebt. ... er ist vielleicht jene ‚platte Mensch' Schopenhauers, und doch ist sein Werk ‚vermöge des Stoffes sehr wichtig'."*

Egon Erwin Kisch spricht damit vier zentrale Faktoren an, die auch für das VR-Storytelling prägend sind:
- verblüffend sein,
- Wahrheit abbilden,
- ein Erlebnis kreieren,
- der Inhalt ist entscheidend.

**Beim Storytelling in VR** geht es also weniger darum, dem Zuschauer eine Geschichte zu erzählen, sondern vielmehr darum, ihn die Geschichte erleben zu lassen und damit neue Formen der Auseinandersetzung mit Themen zu ermöglichen. Der Nutzer ist mittendrin und kann durch Interaktion sogar Teil der Story werden. *„Der Zuschauer wird aktiv einbezogen, weil er keine vorgegebene Perspektive einnehmen muss, sondern die Perspektive frei wählen und auch wechseln kann"*[103], stellt Joachim Dreykluft, Chefredakteur Online bei shz.de, heraus. Das „Mitten-im-Geschehen-sein" macht

---

101 Lünenborg, 2015
102 Kisch, 2016
103 Dreykluft, 2017

für Konstantin Flemig, Social-Media-Journalist und Filmemacher bei ZDF Digital, den größten Unterschied zu anderen Erzählformen im Journalismus aus. Zillah Watson, BBC-Redakteurin für VR, war von den Möglichkeiten des VR-Storytellings überwältigt: „*Indem man dem Publikum erlaubt, in die Schuhe des Reporters zu steigen, verstehen sie die Story von ganz allein.*"[104]

**Die journalistische Geschichte entdecken**, sie erleben und mit ihr zu verschmelzen – das führt die Befragten und Experten der Google News Lab Studie zu dem Ergebnis: Storytelling in VR ist „Storyliving". „Die Studie zeigt auf, warum insbesondere VR ein ganz neues Medium für den Journalismus sein kann", sagt Isabelle Sonnenfeld, Leiterin des Google News Lab DACH (für Deutschland, Österreich und die Schweiz), „besonders in Bezug auf Emotionen und Empathie."[105] Das Google News Lab hat daher nicht nur VR-Journalisten befragt, sondern auch VR-Nutzer.[106] Nutzerbefragungen sind in dem Feld des VR-Journalismus noch rar (Stand Ende 2017) und viele Medienunternehmen fragen sich, wie empfinden die Nutzer, wenn sie VR konsumieren: „*Wenn wir eine Geschichte der Ungerechtigkeit erleben oder aus erster Hand erkunden, ist der Weg zu unserem moralischen Zentrum viel direkter, als wenn wir eine ferne Nicht-VR-Dokumentation zu demselben Thema sehen würden*", sagt Scott, 32 Jahre, Nutzer aus New York, „*es ist eine Sache, ein verhungerndes Kind im Südsudan in einem Dokumentarfilm zu sehen und zu sagen: „Oh, das ist einfach zu schade", und dann wendet man sich ab oder wechseln Sie den Kanal. Es ist eine andere, in Ihrem VR-Headset eingesperrt zu sein und genau dort mit diesem Kind zu sein – in diese Szene einzutauchen.*"[107]

## 2.2 Der Nutzer im Mittelpunkt

Der Mehrwert für den Nutzer sollte immer im Mittelpunkt der in VR dargestellten Geschichte stehen: Ist die Story es wert, sich ein HMD aufzusetzen? Transportiert die Geschichte den Nutzer an einen Ort oder in ein Geschehen? Gewinnt die Story an Tiefe, vermittelt sie ein besseres Verständnis durch das präsente Erleben?

---

104 Watson, 2017
105 Sonnenfeld, 2018
106 Befragung von 36 Konsumenten von VR in: Google News Lab, 2017
107 ebd.

## 2.2 Der Nutzer im Mittelpunkt

CNN nennt dies den „witness test".[108] Kann die Geschichte von jemandem besser erfasst werden, weil er vor Ort ist oder das Geschehen erlebt?

> Die Ausgangslage für den Nutzer stellt sich so dar:
> - VR-Nutzer sind während eines VR-Erlebnisses nicht mehr nur Beobachter einer Handlung, sondern sind – aus der Perspektive des Nutzers – inmitten einer Narration, sie sind Teilnehmer,
> - VR-Nutzer sind im Zentrum des Geschehens, aus ihrer Perspektive gestaltet sich die Geschichte,
> - die Sphäre, in der sich ein VR-Nutzer befindet, ist visuell und auditiv allumfassend. Es entfallen die so genannten Frames, die in klassischen audiovisuellen Produktionen Standard waren. Ein Fokus durch Heranzoomen oder Ausschnitte ist nicht mehr möglich,
> - VR-Nutzer haben nunmehr die volle Kontrolle darüber, wohin sie in einer gegebenen Umgebung schauen und gehen möchten,
> - in einer 360°-Produktion übernimmt die 360°-Kamera die Perspektive des VR-Nutzers,
> - in einer CGI-Produktion übernimmt die Kamera der Game-Engine die Perspektive des VR-Nutzers.

**Manche Anwendungsfelder eignen sich für VR-Stories besser als andere.** Vor allem Geschichten, in denen die Umgebung oder der Raum selbst ein Teil der Geschichte ist. Hier kann VR einen Mehrwert bieten. Darüber hinaus können Geschichten, in denen Nutzer teilhaben, etwas entdecken und/oder etwas erleben, für VR passend sein. Insbesondere dann, wenn dieser Ort oder das Ereignis von dem Nutzer nie oder nicht mehr aufgesucht werden kann.

---

108 Watson, 2017

> **Anwendungsfelder für VR im Journalismus:**
> - Orte, zu denen Menschen keinen Zugang haben
> - Ereignisse, die in der Vergangenheit oder in der Zukunft liegen
> - Themen, bei denen ein Perspektivwechsel stattfindet
> - Ereignisse, bei denen Menschen etwas erleben, was sie normalerweise nicht selbst erleben,
> - Themen, bei denen es das Verständnis über die Story entscheidend vertieft, wenn der Nutzer sie selbst erlebt,
> - Themen, bei denen das Erleben im Vordergrund steht und es wichtig ist, mindestens den Kopf nach rechts und links, oben und unten, nach hinten und vorne, nickend, rollend und gierend zu bewegen und die Position zu wechseln („6-Degrees of Freedom").[109]

**VR-Storytelling bricht mit linearen Erzählstrukturen.** Der VR-Nutzer ist frei, sich zu bewegen, sich umzusehen und die VR-Welt zu erkunden. Diese vielfältigen Perspektiven muss der VR-Journalist bei der Planung und Produktion seiner VR-Story beachten und in ihnen die Geschichte denken. Meist sind lediglich der Startpunkt und die erste Blickrichtung eindeutig. Danach entscheidet der Nutzer, welchen Weg er in der Story gehen will, wohin er seine Blicke richtet.

**Bei der Betrachtung des Blickfelds eines Menschen und der Ergonomie** ergeben sich Zonen, in denen ein Objekt oder Geschehen vom Nutzer in unterschiedlicher Weise wahrgenommen wird.

Welchen Bereichen, Zonen, ein Mensch mehr oder weniger Aufmerksamkeit zollt, liefert auch für die journalistische Planung einer VR-Story wertvolle Einsichten. Ausgehend von dem menschlichen Blickfeld und der Bewegungsfreiheit ist für die Planung einer VR-Story entscheidend, die Bedingungen für die Blickrichtung und deren Tiefe zu kennen. Mit nach vorne gerichtetem Kopf ist für den sitzenden Menschen ein Sichtfeld in einem Radius von zirka 77 Grad komfortabel und in der Tiefe erleben Menschen Objekte oder Geschehnisse an 0,5 Meter als angenehm. (S. Abb. 41). In einer Geschichte über die Dressur von Pferden würde der Nutzer einen Pferdekopf direkt vor seinen Augen, also in einem Abstand unter 50 Zentimeter als höchst unangenehm empfinden und sich unter Umständen erschrecken. Nichts

---

[109] Migielicz and Zacharia, 2016

## 2.2 Der Nutzer im Mittelpunkt

sollte daher direkt in der sogenannten „No-No-Zone" stattfinden – außer der Journalist möchte diesen Effekt ausdrücklich zum Verständnis der Story erreichen.

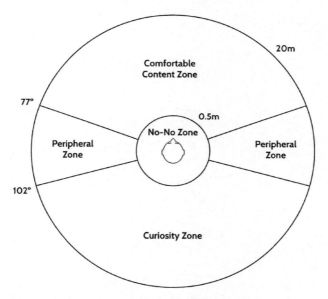

**Abb. 41** Blickfelder des sitzenden Menschen. Quelle: Mike Alger

**Die räumliche, stereoskopische Sicht** (3D) erreicht der Nutzer in einem VR-Headset auch in der Entfernung zwischen 0.5–20 Metern. Bei größerer Entfernung wirkt die Parallaxe nicht mehr so stark. Inhalte unter 50 Zentimeter Entfernung werden im VR-Headset schielend gesehen. Grundlage für die Erkenntnisse, die Alger gewonnen hat, sind die Kamera-Settings der Oculus (DK2) und die Untersuchungen von Samsung[110] zu diesem Thema (S. Abb. 42).[111]

---

110 Chu, 2015
111 Alger, 2015

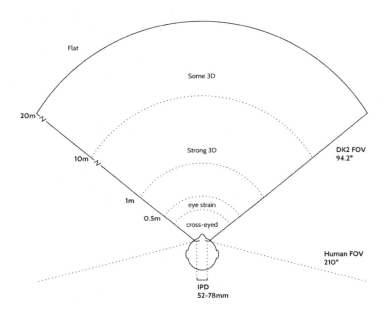

**Abb. 42** Dreidimensionale Wahrnehmung im Headset Oculus DK2. Quelle: Mike Alger

„Wenn man von Film oder Video kommt, verliert man einige visuelle Werkzeuge für das Erzählen von Geschichten, aber man gewinnt andere", sagt Alger, „die Macher kontrollieren nicht mehr die Komposition des Betrachterrahmens, sondern Sie gewinnen eine Komposition des Raumes. Sie haben keine Tiefenschärfe und Brennweite, aber Sie erhalten stereoskopische Tiefenschärfe und Skalierung."[112]

**Den immersiven Effekt erreicht der Journalist nur,** wenn er sein Thema mit eben dieser Tiefenschärfe, in einer dreidimensionalen Welt plant. Dort hat der Nutzer die Möglichkeit sich in alle Richtungen zu bewegen.

**Die Freiheit, sich in sechs unterschiedliche Richtungen bewegen zu können,** ist daher ein weiteres, entscheidendes Merkmal für die Wahrnehmung in VR-Umgebungen.

---

112 Alger, 2018

## 2.2 Der Nutzer im Mittelpunkt

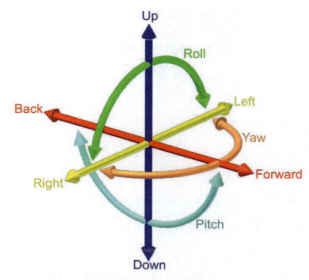

**Abb. 43** Sechs Freiheitsgrade. Quelle: Horia Ionescu, CC BY 4.0

**In VR kreieren Journalisten Welten** und füllen keine Rahmen mehr. Der Nutzer ist mitten in diesen Welten und entscheidet selbstständig, was er wann erkunden will und in welche Richtung er schaut oder sich bewegt. Somit gibt der Journalist einen Teil der Kontrolle ab, die er in einem festgelegten Rahmen – dem definierten Bildschirm hatte.

**Die unterschiedlichen Perspektiven und Positionen**, die der Nutzer einnehmen kann, beeinflussen die Planung der Story. Sie anschaulich zu gestalten, erfordert neue Herangehensweisen.

**Der Nutzer ist nicht mehr länger nur Betrachter**, sondern Entdecker oder Besucher. Er folgt auch nicht mehr linear den vorgegebenen Szenen, sondern entscheidet selbst, welche Bereiche er betritt. All diese Faktoren haben enorme Auswirkungen auf das Storytelling und dessen Planung. Die Wahrscheinlichkeit ist sehr hoch, dass jeder Nutzer die Story auf individuelle Art und Weise erkundet. In einem Artikel wird Sarah Jones, Leiterin der Birmingham School of Media an der Birmingham City University, zitiert, dass traditionelle Medien vielfach ein „Reporter-geführtes"

VR-Storytelling umsetzen, anstelle eines „Charakter-geführten"-Storytellings.[113] Journalisten sind daher gefordert Erzählstrukturen zu überdenken und neu zu gestalten, damit der Nutzer die entscheidenden Inhalte zum Verständnis des Themas findet.

## 2.3 VR-Planung

**Das „charakter-geführte" Storytelling in VR** bedarf einer Planung, die die spezifischen Bedingungen der Nutzerwahrnehmung und -führung entspricht.

*„Eine Geschichte in 360/VR° zu erzählen, ist komplett anders als dies für ein Medium mit einem flachen Bildschirm zu tun. Es gibt keinen gewohnten Rahmen mehr"*, sagt Sarah Hill, *„der Rahmen, der jetzt da ist, bewegt sich in einer Kugel nach rechts, links, oben, unten. Die Aufgabe des Autors ist es, die Aufmerksamkeit behutsam zu lenken, damit sie wissen, wo die Hauptaktion stattfindet und sie nicht das Gefühl haben, etwas zu verpassen. Das ist für den Geschichtenerzähler eine völlig neue Form des Erzählens."*[114]

**Der Verlust des visuellen Rahmens**, in dem der Journalist bisher seine Video- oder TV-Produktionen gedacht hat, wird ersetzt durch den Rahmen, den der Nutzer für sich selbst setzt. Die Aufgabe des Journalisten ist es, sich vorzustellen, wie der Nutzer durch die von ihm geschaffenen 3-D-Welt schreitet und in welcher Folge er sie wahrnehmen wird. Dabei sind Annahmen über den „Point of Interest" eine wichtige Grundlage – ebenso wie Techniken, die die Aufmerksamkeit des Nutzers leiten. „Kugelförmig denken", nennt Zillah Watson, BBC, diese andere Herangehensweise an das Storytelling in VR.[115]

**Global, sphärisch ist die Betrachtung** eines 360°-Videos oder einer computergenerierten Story und unterscheidet sich damit von der fotografischen, flachen Betrachtung. Da der Nutzer sich rundum umsehen oder sogar interagieren kann, muss auch eingeplant werden, dass er vielleicht in eine andere als die vom Storyteller gedachte Richtung schaut oder sich bewegt. Aus den menschlichen Verhaltensweisen und der Verarbeitung von Sinneswahrnehmungen lassen sich wertvolle

---

113 Scott, 2016
114 Hill, 2017
115 Watson, BBC VR 2017

Erkenntnisse für das VR-Storytelling insbesondere in CGI-generierten Welten ableiten. Es lassen sich einige Annahmen darüber treffen, wo ein Mensch seine Aufmerksamkeit hin orientieren wird.

**Den „Point of Interest" zu lokalisieren**, dabei können Journalisten vieles aus der Welt der Spieleentwickler lernen. Ein Tipp hat Patrick Wilkinson, der bereits seit 1991 als professioneller Spieleentwickler arbeitet und die Gamingfirma „Cat Daddy" in Kirkland bei Seattle leitet: *„Du musst visuelle und akustische Hinweise designen, wenn der Spieler etwas Besonderes tun oder auf etwas aufmerksam werden soll. Möglicherweise ist das, was für ihn am wichtigsten ist, hinter ihm oder er soll mit etwas interagieren und der Spieler hat keine Ahnung davon, weil er es nicht bemerkt. Frustrierende Spielerfahrungen versuchen wir so zu vermeiden."*[116]

**Technisch können alle Sinnesorgane des Nutzers angesprochen werden**. Die menschliche Wahrnehmung erfolgt über seine einzelnen Sinnesorgane, das Hirn führt die Information zusammen.[117] Die Erkenntnisse aus diesem Bereich der Gehirnforschung können sich Journalisten für die Gestaltung der VR-Storywelten zunutze machen. Sogenannte „Authoring Tools" wie Liquid Cinema unterstützen diese Arbeit der Journalisten.[118]

---

**Planungsfaktoren für VR-Storytelling:**
- Präsenz – sich in den Nutzer als Besucher der Story hineinversetzen,
- Handlungsfreiheit – die Bandbreite an Optionen bedenken und akzeptieren, die der Nutzer auswählen kann, um die Story zu erleben,
- Sphären – die Story in Sphären, Welten, dreidimensional als Kugel denken,
- PoI – Bezugspunkte, sog. „Points of Interest" planen,
- Wahrnehmung – die Aufmerksamkeit des Nutzers wecken,
- Vorannahmen – vom PoI auf die nächste Sphäre und das Verhalten des Nutzers schließen und diese planen,
- Beziehung – der Nutzer baut eine Verbindung zu dem Inhalt der Story auf,
- Identität – wer ist der Nutzer in der Story? Welche Position nimmt er ein? Womit soll er sich identifizieren?

---

116 Wilkinson, 2017
117 Dörner, Broll, Grimm, & Jung, 2013
118 Lidquid Cinema, 2017

- Emotion – welche Energie erreicht den Nutzer? Wie gehen die Akteure in der Story mit der Kamera um? Wie wirkt das auf den Nutzer? Wie beeinflusst dieses Gefühl den Nutzer?

**Der Nutzer ist überfordert,** desorientiert und steigt im schlechtesten Fall aus der Story frustriert aus, wenn direkt zu Beginn zu viele Reizpunkte oder zu wenig PoIs erkennbar sind. Aus der Gamingwelt kann der Journalist lernen: Der Spieler will eine Verbindung, eine Beziehung zu dem Spielinhalt aufbauen – der Startpunkt in eine Story sollte daher immer eindeutig sein. Das bedeutet, eindeutige Points of Interest zu bieten, damit die Aufmerksamkeit des Nutzers kanalisiert werden kann. Oder mit dem Wissen darum, bewusst eine „Überforderung" an Eindrücken erzeugen.

**Die Identität und Wahrnehmung des Nutzers** in der VR-Story sind zentrale Faktoren, die den Journalisten in VR vor andere Herausforderungen stellen als in klassischen Video- oder TV-Produktionen – denn: Der Nutzer ist in der Story präsent und aktiv. Er erlebt den Inhalt durch die Kameraperspektive dreidimensional. Daher hat er unweigerlich eine Position in der Story.

**Die Rolle des Nutzers** in der VR-Story festzulegen, ist entscheidend. In einer Geschichte über die neue Elbphilharmonie in Hamburg: Ist er Zuschauer, Musiker, Akteur… die Frage, die der Journalist vorab entschieden haben sollte, ist: Was genau ist der Mehrwert, den der Nutzer aus der Story mitnehmen soll? Was ist das Ziel der VR-Story? Was soll der Nutzer am Ende des Erlebnisses darüber wissen, sagen oder fühlen?

*„Non-lineares Storytelling ist die natürlichere Form des Storytellings für dieses Medium",* sagt Niko Chauls, Direktor Technologieentwicklung bei USA Today in der VR-Studie von AP und *beschreibt weiter, „es ist eher vergleichbar mit dem, was eine Infografik leistet, die komplexe Daten auf das Wesentliche herunterbricht und die Daten somit leichter verständlich macht."*[119]

---

119 Marconi & Nakagawa, 2017

**Genres, für die eine VR-Produktion Sinn ergibt:**[120]
- Wissenschaft,
- Zeitgeschehen und Historisches,
- Nachrichten, insbesondere für Live-Ereignissen (u. a. Demonstrationen),
- Reise und Kultur,
- Sport.

## 2.4 VR-Storyboard

**Ein Storyboard oder ein Sketch der Story erleichtert** insbesondere wegen der Komplexität von VR-Stories die Planung und später auch die Kommunikation im Produktionsteam. Es macht Sinn, sich dem Inhalt grafisch oder im Modell zu nähern. Mit dem sogenannten Prototyping bekommt der Journalist auch ein Gefühl für die Dreidimensionalität seiner Geschichte. Insbesondere für volumetrische Produktionen ist ein Prototyping und Storyboarding unerlässlich. Es gibt dazu viele, individuelle Herangehensweisen. Einige, die Journalisten ausprobiert haben, stellen wir hier vor.

Um sich eine reale Vorstellung davon zu erarbeiten, was der Nutzer in der 360°/VR-Umgebung sehen und erfahren soll, ist es sinnvoll, sich diese mittels einfacher Materialien zu erstellen (s. Abb. 44).

**Abb. 44**
Prototyping –
der Basteltisch.
Quelle: Charlotte
Hauswedell

---

120 EBU Studie, 2017

**Ein gebastelter Prototyp** kann dabei helfen, sich die unterschiedlichen Perspektiven des Nutzers zu vergegenwärtigen (S. Abb. 45) oder es dient dazu, sich ein Setting für die volumetrische Produktion zu erstellen, damit unter anderem Proportionen, Positionen, Objekte oder Aktionen in der Umgebung ausprobiert werden können (S. Abb. 46).

**Abb. 45**

Prototyping für 360°-Produktionen, Position des Nutzers in einer Story. Quelle: Linda Rath-Wiggins

## 2.4 VR-Storyboard

**Abb. 46** Prototyping für volumetrische Produktionen. Quelle: Charlotte Hauswedell

**Das Denken in Entfernungen und Tiefe** bildet die Basis für das VR-Storyboard, das Saara Kamppari-Miller, Change-Agent und Senior User-Experience-Designerin bei Intel in den USA, empfiehlt und einsetzt.[121] In ihrem VR-Storyboard bindet sie die Erkenntnisse über Sichtfelder und Ergonomie ein und entwickelt das Basistemplate von Vincent McCurley[122] weiter (S. Abb. unten).

---

121 Kamppari-Miller, 2017
122 McCurley, 2016

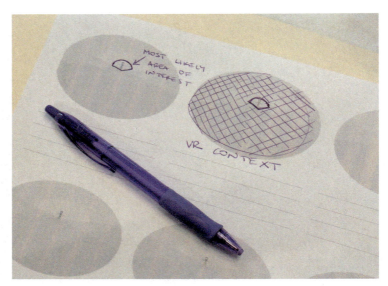

**Abb. 47** Sketch-Sheets. Quelle: Saara Kamppari-Miller CC BY 4.0

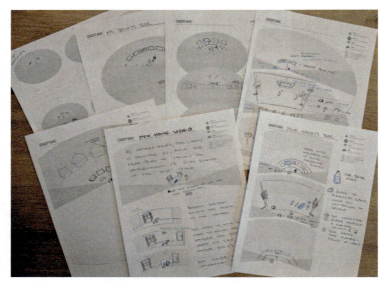

**Abb. 48** Sketch-Sheets. Quelle: Saara Kamppari-Miller CC BY 4.0

## 2.4 VR-Storyboard

**Die einzelnen Welten,** Sphären, in die der Nutzer eintauchen wird, scribbelt sie in einzelnen Schritten und vergegenwärtigt sich dabei immer wieder, dass es sich um eine 360°-Grad-Perspektive handelt, in der der Nutzer sich in alle Richtungen drehen und bewegen kann. Die Vorlagen dazu stellt Saara Kamppari-Miller in ihrem Artikel „VR Paper Prototyping" auf medium.com als Download kostenfrei zur Verfügung.[123]

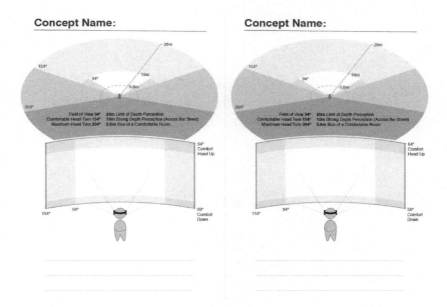

**Abb. 49** Sketch-Sheets mit Bewegungsgrad und Wahrnehmungstiefe. Quelle: Saara Kamppari-Miller CC BY 4.0

**In der VR-Storyboard-Vorlage** wird zwischen dem Bewegungsgrad des Kopfes und der Wahrnehmungstiefe unterschieden. Dabei folgt die Einteilung der Blickrichtung des Nutzers. Die Zonen hinter dem Nutzer müssen entsprechend mit bedacht und gescribbelt werden. Dazu können ebenfalls diese Vorlagen dienen. Die Rückenansicht muss dementsprechend gekennzeichnet werden.

---

123 Kamppari-Miller, VR Paper Prototyping 2017

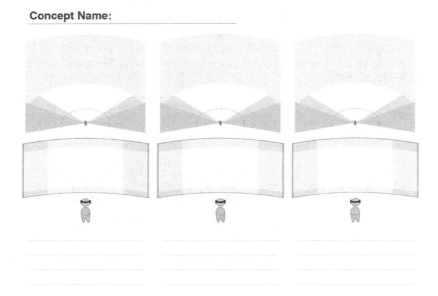

**Abb. 50** Sketch-Sheets blanko. Quelle: Saara Kamppari-Miller CC BY 4.0

**In der Weiterentwicklung des VR-Storyboard-Templates** ergänzen Fragestellungen zu den jeweiligen Blickrichtungen und Sichtfeldern die Vorlage (S. Abb. 51).

- Was ist vorne zu sehen? Wenn der Nutzer entspannt umherschaut was ist dann in seinem direkten Blickfeld?
- Was ist zur rechten und linken Seite, nach oben oder unten zu sehen?
- Was ist hinter dem Nutzer zu sehen, wenn er seinen Oberkörper zur rechten oder linken Seite dreht, wenn er über die Schulter schaut?

## 2.4 VR-Storyboard

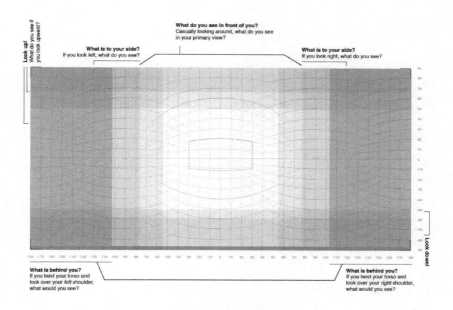

**Abb. 51** Sketch-Sheets blanko. Quelle: Saara Kamppari-Miller CC BY 4.

**Hier ein Anwendungsbeispiel** (S. Abb. 52), bei dem Szenarien mit Overlays illustriert wurden. Würden die Papierenden zusammengenommen und oben und unten ebenfalls zusammenkommen, ergäbe sich eine Kugel, die alle sechs Freiheitsgrade der Bewegung (S. Abb. oben) abbilden würde.

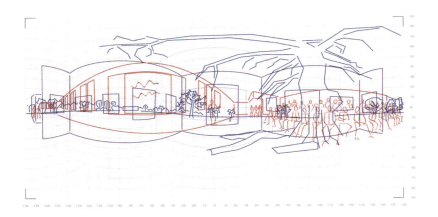

**Abb. 52** VR-Storyboarding mit Overlays. Quelle: Saara Kamppari-Miller

**Ein digitales VR-Storyboard** können Journalisten beispielsweise mit Hilfe der Software VIAR360 kreieren (S. Abb. 53). Die Software integriert alle bereits vorhandenen Medien und ist als Content Management System für VR-Storytelling zu verstehen.

**Abb. 53** VR-Storyboarding Softwarebeispiele. Quelle: VIAR360

**Das Storyboard bereits in der gewünschten VR-Umgebung** zu erstellen, hält Paul Hoover, Creator von Storyboard VR bei Artefact, für wichtig, denn das VR-Medium beinhalte vor allem drei Aspekte, die es aus seiner Sicht von anderen Medien unterscheide:[124]

- **Präsenz**: *„Im Gegensatz zu jedem anderen digitalen Medium kann man sich in der Geschichte wie in der Geschichte fühlen und neben echten Menschen stehen. Auf diese Weise ähnelt es eher dem Theater."*
- **Variabler Blickwinkel**: *„Im Gegensatz zu Filmen oder Fernsehsendungen steuert der Betrachter die „Kamera". Der Regisseur muss die Kontrolle aufgeben und dem Betrachter erlauben, hinzuschauen, wohin er will. Es ist eher mit First-Person-Spielen auf diese Weise vergleichbar."*
- **Vom Benutzer gesteuertes Pacing**: *„Da der Blickwinkel variabel ist, wird erwartet, dass das Pacing, Durchschreiten des Mediums in der Regel interaktiver ist und vom Benutzer festgelegt wird".*

**Abb. 54** Storyboarding direkt in der VR-Umgebung. Quelle: Artefact

**In Storyboard VR kann der Journalist** jede bereits vorhandene Anwendung einbringen. Alles, was der Journalist wissen muss, um loszulegen, ist, wie die HTC

---

124 Hoover, 2018

Vive einzurichten ist und wie VR-Inhalte erstellt werden. *„Diese niedrige Eintrittsbarriere ermöglicht ein schnelles Experimentieren und Verstehen der Grenzen und Möglichkeiten des Mediums"*[125], sagt Hoover.

**Abb. 55** Storyboard VR in der direkten Anwendung bei ZDF Digital. Quelle: ZDF Digital

Besonders bei der Präsentation von Ideen setzt ZDF Digital „Storyboard VR" derzeit ein: *„Eine Storyidee ist mit dem Tool schnell visualisiert"*, sagt Eckart Köberich, Leiter des VR-Bereichs bei ZDF Digital, *„und kann dem Kunden eindrucksvoll vorgestellt werden."*[126]

---

125 Hoover, 2018
126 Köberich, 2017

## 2.5 Darstellungsformen

### 2.5.1 VR-Reportage

Wie genau schafft ein Journalist diese Atmosphäre und den Inhalt in einer VR-Produktion zu transportieren? Schauen wir als erstes auf eine 360°-Produktion und tauchen wir in das das umkämpfte Mosul im Irak ein – Konstantin Flemig von ZDF Digital nimmt uns mit:

**Abb. 56** 360°-Aufnahmen 1. Quelle: Konstantin Flemig

**Wir befinden uns in einer nicht-alltäglichen Situation.** Mit 360°-Aufnahmen kann der Nutzer sich mit dieser Situation sehr bewusst auseinandersetzen. Genau das dachte Konstantin Flemig auch – und zwar genau so lang, bis er in der schusssicheren Weste zwischen IS-Scharfschützen stand, das Kamerastativ fest umklammert. *„Zeit ist Gold wert"*, stellt er heute rückblickend fest. Das gilt natürlich in solchen Gebieten für jede Form des Journalismus. Dennoch gibt es einige Besonderheiten und Erfahrungen, die Konstantin Flemig mitgenommen hat: *„Eine Location auskundschaften, Lichtverhältnisse berücksichtigen, die richtige Position der Kamera herausfinden – das alles kann dauern. Unter diesem Gesichtspunkt sind die römischen Ruinen der Tempelanlage von Baalbek der perfekte Drehort: Steine, die sich* in den letzten 1.000 Jahren nicht bewegt haben und die sich auch in den nächsten 1.000 Jahre nicht bewegen werden, leicht zugänglich und mit genug Platz, um sich perspektivmäßig auszutoben."[127] Ganz anders der Drehort Mosul:

**Abb. 57** 360°-Aufnahmen 2. Quelle: Konstantin Flemig

Flemig sagt, „die irakische Armee und Polizei rückte gerade auf die Altstadt der vom IS eroberten Metropole vor, und Scharfschützen, Sprengfallen und Mörserbeschuss gehörten zum Alltag. In dieser Situation war es schlichtweg lebensgefährlich, zu lange an einem Ort zu bleiben, besonders, wenn dieser auf freier Fläche lag und man sich so zum Ziel für gegnerische Sniper machte. Hier ging es einfach nicht anders, als auf manche Aufnahmen zu verzichten. Stattdessen filmte ich in diesen Situationen mit einer normalen Kamera. Das vielleicht stärkste Bild der Reportage entstand dann auch direkt an der Front, wo sich die irakischen Streitkräfte hinter einer Barriere aus Erde

---

127 Flemig, 2017

*und Trümmern verschanzt hatten. Hier zog ich den Kopf ein, warf mich zu Boden, und hielt das Stativ nach oben, in der Hoffnung, dass es nicht abgeschossen wird."*[128]

**Nicht jede Kamera passt** *allerdings in jede Situation: "Eine 360°-Kamera in Go-Pro-Größe liefert zwar nicht so schöne Bilder wie eine Installation mit mehreren Spiegelreflexkameras. Dafür gibt es bei der Einreise in Länder wie Irak oder Libanon deutlich weniger Fragen beim Zoll. Auch das Handling sollte nie unterschätzt werden. Wenn man alleine oder sogar zu zweit durch eine antike Tempelanlage schleicht und sich nach Belieben Zeit lassen kann, sind aufwendige* und schwere *Technik kaum ein Problem. Hastet man aber bei 40 Grad im Schatten mit kugelsicherer Weste und Helm durch ein aktives Kriegsgebiet ist man über jedes Gramm froh, dass man nicht mit sich herumschleppen muss."*[129]

Und noch etwas ist für Flemig gerade mit kleinen Kameras unerlässlich: Reißfestes Klebeband: *„Mit etwas reißfestem Klebeband lassen sich wahre Wunder vollbringen. Gerade bei 360°-Aufnahmen, die oft von ungewöhnlichen Perspektiven leben, empfiehlt es sich daher immer, eine Rolle Panzertape im Gepäck zu haben. So konnte ich in Mosul die Kamera auf der Motorhaube eines Geländewagens anbringen, mit dem wir durch die zerbombte Stadt gefahren sind."*[130]

**Abb. 58**
360°-Aufnahmen 3.
Quelle: Konstantin Flemig

---

128 Flemig, 2017
129 Flemig, 2017
130 Flemig, 2017

**Abb. 59**
360°-Aufnahmen 4.
Quelle: Konstantin Flemig

**Der Grad der Immersion** unterscheidet sich, abhängig von der genutzten Technik. Während ein 360°-Video/-Foto dem Nutzer den Rundumblick und ein einfaches Gefühl des Dabeiseins ermöglicht, taucht der Nutzer in CGI-produzierten Inhalten komplett in die Geschichte des Journalisten ein und hat durch das Tragen von HMDs und Controllern ein nahezu immersives Gefühl. Die bisher höchste Form der Immersion erlebt der Nutzer allerdings in volumetrischen Stories, die den Körper des Nutzers und den anderer voll realistisch in der Geschichte einbindet – die Immersion ist nahezu vollkommen.

**Es ist eine redaktionelle Entscheidung**, wie intensiv und in welcher Form der Nutzer in die Geschichte eintauchen soll. *„Ich glaube, dass 360°-Video sich vor allem dann anbietet, wenn man die Leute irgendwo mit hinnehmen kann, wo sie selber nicht hinkommen"*, sagt Stephan Meyer, Freier Editor für bei BILD TV/360.[131]

### 2.5.2 VR-Dokumentation

Menschen mit Hilfe von 3D-Scans und 360°-Produktionen an einen völlig fremden Ort zu führen, das war das Ziel, das Associated Press (AP) mit der Serie „The Suite Life" verfolgte, die sie bereits 2015 produzierte. Der Nutzer betritt drei der luxuriösesten Suiten dieser Welt – eine an Land, eine in der Luft und eine auf hoher See. Denn: Wer sich schon immer gefragt hat, was kommt, wenn mir die „First-Class"

---

131 Meyer, 2017

## 2.5 Darstellungsformen

bei Singapur Airlines nicht mehr ausreicht, kann sich schon mal in der „Suite Class" der Fluggesellschaft umschauen.

**Abb. 60** Screenshot „The Suite Life" 360°-Aufnahmen.in der „Suite Class" der Singapur Airline. Quelle: The Associated Press

**Das AP-Team** um Darrell Allen, Peter Hamlin, Scott Mayerowitz und Nathan Griffith, nutzen dafür die Matterport Pro 2 3-D-Kamera (MC 250), die hochauflösende 3-D-Scans ermöglicht. Damit kann der Nutzer nicht nur die Suiten erleben und sich umsehen, er kann auch photogrammetrische Objekte wie die Kabinenaufteilung ansehen.

**Abb. 61** Screenshot Matterport Scan 1 „The Suite Life", Suite Class der Singapore Airline. Quelle: The Associated Press

**Abb. 62**

Drehaufnahmen 1: Nathan Griffith und seine Kollegen in der „Suite Class" der Singapur Airline. Quelle: The Associated Press

## 2.5 Darstellungsformen

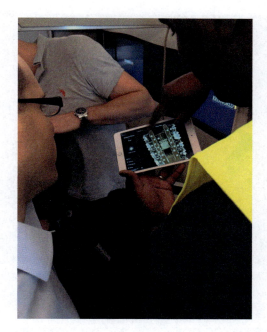

**Abb. 63**
Drehaufnahmen 2: Nathan Griffith und seine Kollegen in der „Suite Class" der Singapur Airline.
Quelle: The Associated Press

Für die schnelle Nachrichtenproduktion ist diese Produktionsform zurzeit nicht geeignet, allerdings bietet sie beispielsweise für den Reise- oder Kulturjournalismus neue Dimensionen. *„Wenn die Geschichte und das Budget es ermöglichen"*, sagt Eckhart Köberich, ZDF Digital, *„bietet die Photogrammmetrie beeindruckende Möglichkeiten, Orte erlebbar zu machen. Durch die fotorealistische Erfassung konservieren wir Räume die crossmedial und Plattformübergreifend eingesetzt werden können. Von der TV Ausstrahlung bis zum 360°-Rundgang für Smartphones."*[132] Und das erproben die Experten auch bei ZDF Digital in Mainz:

---

132 Köberich, 2017

**Abb. 64** Verlassenes Eisenbahnhaus, aufgenommen mit der Matterport. Quelle: ZDF Digital

**Abb. 65** Verlassenes Eisenbahnhaus, aufgenommen mit der Matterport. Quelle: ZDF Digital

Dieses Objekt eines verlassenen Eisenbahnhauses wurde mit zirka 400 Fotos erfasst und in der Postproduktion aufwändig als 3D-Modell zusammengesetzt und dient nun als Basis für begehbare Erlebnisse, die beispielsweise mit der HTC Vive angesehen werden können, Kamerafahrten für 360°-Videos oder als 3D-VR-Bühne in der Gear VR-Brille.

*„Der Herstellungsprozess ist derzeit noch sehr aufwändig"*, stellt Köberich heraus, *„allerdings bewegt sich auch hier der Markt entsprechend schnell und die ersten Laserscanner mit integrierter 360°-HDR Kamera sind bereits erhältlich. Die Genauigkeit der Modelle nimmt zu und der Postproduktionsaufwand wird somit absehbar weiter reduziert."*[133]

**Volumetrische VR bietet eine nahezu vollständige Immersion.** Sie gelten als die „neue Welle"[134] im VR-Storytelling, insbesondere im Bereich der Dokumentationen. Die US-amerikanische Firma „8i"[135] erstellt beispielsweise fotorealistische, menschliche Hologramme, die den gesamten Körper in Volumen und Tiefe für die virtuelle Welt abbilden. Nonny de la Peña betont: *„360°-Video kann sehr schön sein, aber es ist die Adaption einer vergangenen Technik. Was 8i macht, ist absolut, fundamental innovativ."*[136]

**Die Hologramm-Technik ermöglicht** es, Menschen in VR-Stories einzubinden, um die der Nutzer auch komplett herumlaufen kann – sie auch von hinten betrachten kann. Es ist auch möglich, den eigenen Körper abzubilden und mit ihm durch das VR-Erlebnis zu gehen. Oder in den Körper eines anderen zu schlüpfen – sogenanntes „shapeshifting".

## 2.5.3 Nachrichten in VR

**Auch Nachrichten können in VR abgebildet werden** – das zeigt RYOT mit seinem Projekt „The Turnaround".[137] Das Ziel war es, eine 360°-Serie mit 12 Folgen umzusetzen, in der jede Episode in nur 48 Stunden nach dem jeweiligen Ereignis – der Breaking-News – online war. Google stellte dafür die Kameraausrüstung „Jump"

---

133 Köberich, 2017
134 Machkovech, 2017
135 8i, 2017
136 Terdiman, 2015
137 RYOT, 2016

zur Verfügung. „*Wir wollten zeigen, dass Nachrichten in VR, in stereo und mit höchster Qualität produziert nicht viel Zeit in Anspruch nehmen müssen*", resümiert Bryn Mooser, Gründer von RYOT, einem der bedeutendsten Medienunternehmen in dem Markt.[138]

**Abb. 66** „The Turnaround"- Breaking-News-Projekt von RYOT in Kooperation mit Google. Quelle: Ryot

---

138 Mooser, 2017

## 2.5 Darstellungsformen

**Abb. 67** „The Women's March", Episode aus der RYOT-360°-Serie „The Turnaround".
Quelle: Ryot

### 2.5.4 Shapeshifting

„Shapeshifting" oder „Perspektivwechsel" ist eine neue VR-Erzählform. Das VR-Erlebnis wird dabei in der Gestalt oder aus der Sicht eines anderen Lebewesens oder Gegenstands erlebt – beispielsweise in dem Körper des anderen Geschlechts oder als Zelle im Körper, auch „shapeshifting" genannt.[139] In der Wissenschaft und Medizin sind solche Anwendungen bereits lange angesiedelt und erprobt. Auch der Bildungsmarkt bedient sich dieser Möglichkeit, Lernen verständlicher und anschaulicher zu gestalten.

---

139 Google News Lab, 2017

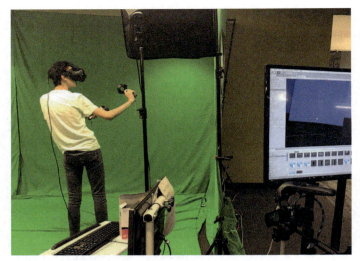

**Abb. 68** „Shapeshifting"-Installation bei einem Meetup in Seattle, September 2017. Quelle: Manuela Feyder

**Abb. 69** „Shapeshifting"-Installation bei einem Meetup in Seattle, September 2017. Quelle: Manuela Feyder

## 2.5 Darstellungsformen

**Die Funktion des Journalisten als Entscheider,** welche Geschichte mit welchen Inhalten und in welcher Form erzählt wird, bleibt auch im VR-Journalismus erhalten. Auch wenn der Nutzer mit zunehmender Immersion auch einen höheren Interaktionsspielraum und eine höhere Handlungsfreiheit hat, nimmt er an dem Erlebnis teil, das der Journalist ausgewählt und kreiert hat. Damit fällt dem Journalisten auch die Verantwortung zu, den Inhalt entsprechend der journalistischen Ethik auszuwählen und ihn mit Kenntnis um die technische Wirkung auf den Nutzer zu produzieren. Nur so kann der Nutzer vor negativen körperlichen und geistigen Folgen der VR-Nutzung geschützt werden.

Im Verlauf der weiteren Jahre und der zunehmenden journalistischen Umsetzung von VR-Inhalten wird sich auch die Wissenschaft vermehrt mit den unterschiedlichen Formen des VR-Storytellings auseinandersetzen und eine neue Klassifizierung erarbeiten. Im praktischen VR-Journalismus geben die Produktionsformen und Redaktionen die Richtschnur für die Gestaltung und Umsetzung der Story an.

# Der Workflow: VR in der Redaktion

**3**

> **Zusammenfassung**
>
> Getrieben von den technologischen Entwicklungen und Innovationen ist VR für den Journalismus als neues Medium relevant. Ohne technisches Wissen über Hard- und Software sowie Distributionsplattformen ist VR-Journalismus nicht professionell umsetzbar. Bereits bei der Konzeption der VR-Geschichte müssen technische Entscheidungen getroffen werden. Dieses Kapitel gibt einen Einblick in die Konzeption und redaktionellen Abläufe bei der VR-Produktion. Dabei erhält der Leser einen aktuellen Überblick über das notwendige Handwerkszeug und die Tools, die erforderlich sind, um unterschiedliche VR-Produktionsformen umzusetzen.

> **Schlüsselbegriffe**
>
> VR-Tools, CGI, Photogrammetrie, VR-Konzeption, VR-Produktion, Veröffentlichungsplattformen

## 3.1 VR-Konzeption

Viele Fragen, die sich bei der Konzeption von VR-Stories stellen, sind identisch mit anderen journalistischen Produktionen. Die Unterschiede bestehen allerdings in den neuen Produktionsarten in VR (360°, volumetrisch) und in der Immersion und Identität, die der Nutzer erleben kann. Darüber hinaus muss sich das Team bei der VR-Planung in die virtuelle Erlebniswelt hineinversetzen. *„Es ist vergleichbar mit einem Tanz oder einem Dialog, den man mit jemandem führt"*[140], sagt Jessica Brillhart, freie VR-Filmemacherin. Brillhart filmte bereits 2015 den ersten VR-Film namens „World Tour"[141], der mit Googles Jump-Kamera, die 16 GoPro-Kameras in einer vereint, entstanden ist. *„Google möchte VR für jeden Nutzer zugänglich machen"*, sagt Isabelle Sonnenfeld, Leiterin Google News Lab DACH, *„wir sind jedoch erst am Anfang und Journalisten und VR-Experten finden gerade erst heraus, was technologisch funktioniert und welche Geschichten beziehungsweise Themen sich wirklich für VR-Formate eignen. Die Regeln sind noch nicht geschrieben und in dieser Tatsache liegt die Chance für Innovationen."*[142]

**Journalistische Geschichten in die virtuelle Welt zu transportieren** ist mehr als den vorhandenen Inhalt in ein anderes Medium zu bringen – Journalisten benötigen weitere, neue Fähigkeiten und Fertigkeiten, um mit anderen, neuen Tools umzugehen und sie sinnstiftend einzusetzen. *„Wir müssen Dinge ausprobieren und wissen, welche Geschichten und Technik für immersive Medien funktionieren, damit wir dann bereit sind, wenn sich bestimmte Medienformen als erfolgreich herausgestellt haben"*, erklärt Jeremy Gilbert, Strategiedirektor bei der Washington Post, in der VR Studie von AP.[143]

Welche konzeptionellen Überlegungen und Vorgehensweisen beispielsweise hinter der 360°-Produktion „Mosul" von Konstantin Flemig stehen, erläutert Eckart Köberich, Leiter VR bei ZDF Digital: *„Die Konzeption der Inhalte läuft ähnlich einer klassischen linearen Produktion ab – also der gleiche Weg vom Konzept über den Rohschnitt bis zur Lieferung des finalen Inhalts. Bei diesen Arbeitsschritten ist allerdings darauf zu achten, dass sowohl bei der schriftlichen Konzipierung als auch bei der Sichtung der verschiedenen Fassungen die verschiedenen Nutzungssituationen mitgedacht werden müssen. Ein 360°-Video wird auf dem Computer anders*

---

140 Bucher, 2018
141 Brillhart, 2015
142 Sonnenfeld, 2018
143 Marconi & Nakagawa, 2017

*konsumiert als in der App oder im VR-Modus. Folglich sollten diese verschiedenen Nutzungssituationen klar herausarbeiten und Vorzüge erklären."*[144]

**Die richtige Plattform für die Zielgruppe zu finden, ist eine Herausforderung.** Da es sich bei den 360°/VR-Produktionen um Multiplattform-Produktionen handelt, muss bei der Konzeption mitgedacht werden, wo der Inhalt sein Publikum finden soll. *„Ein generelles Rezept gibt es noch nicht"*, sagt Köberich. Es gibt zahlreiche Plattformen für 360°- und VR-Inhalte. Von Browser über Smartphone bis zu CGI für HMDs. *„Üblicherweise achten wir darauf, die Hürden für den Zuschauer so niedrig wie möglich zu halten und mindestens Smartphone und Browser zu bedienen"*, stellt Köberich heraus, *„existieren native Plattformen für iOS, Android, Gear VR oder Daydream, können diese leicht mit bespielt werden. Letztendlich entscheidet auch der Inhalt über die Zielplattform. Möchte ich ein roomscale begehbares interaktives Erlebnis erschaffen, komme ich um HTC Vive, Oculus Rift oder Playstation VR nicht herum."*[145]

**Die Produktion für unterschiedliche Plattformen** ist natürlich auch eine Frage des Budgets. Bei ZDF Digital beginnt die Konzeption im Regelfall mit der höchst möglichen Ausbaustufe und wird für weitere Ausspielwege angepasst.

*„Jede Plattform bietet eigene Möglichkeiten Inhalt zu erzählen"*, sagt Köberich, *„Daher ist eine Browser- oder Smartphone-Version, für Nutzer ohne VR Brille, nicht einfach nur ein abgespecktes Erlebnis, sondern eine Möglichkeit die Geschichte mit Stilmitteln zu erzählen, die in der VR-Brille vielleicht nicht funktionieren, weil sie beispielsweise zu ‚motion sickness' führen können."*[146]

---

**Die Konzeption einer VR-Story sollten folgende Punkte berücksichtigt werden:**
*Zielebene*
- Was genau ist das Thema der Story?
- Was genau ist das redaktionelle Ziel der Story?
- Gibt es ein übergeordnetes Ziel? Unternehmensstrategisches Ziel?
- Wer genau ist die Zielgruppe für die Story?
- Gibt es auch eine interne Zielgruppe?

---

144 Köberich, 2017
145 Köberich, 2017
146 Köberich, 2017

*Nutzerebene*

- Welchen Grad der Immersion möchte ich erreichen?
- Was genau kann – bei dieser Zielsetzung – VR besser leisten als eine herkömmliche (TV-, Video-) Produktion?
- Wo und wie nimmt der Nutzer an der Story teil?
- Welche Technik benötigt der Nutzer um die Publikation zu erleben?

*Inhaltsebene*

- Welche Themenaspekte sollen abgebildet werden?
- Welche Orte/Ereignisse/Personen sind Teil der Story?
- Was genau ist die Position des Nutzers?
- Planungsfaktoren für VR-Storytelling beachten (s. unten)

*Redaktionelle-/Technikebene*

- Welche Produktionsart wird gewählt?
- Für welche Ausspielwege/Plattformen soll produziert werden? (mobil, browserbasiert, stationär, Social Media-Kanäle, YouTube, Apps etc.)
- Was ist die dahinterstehende Distributionsstrategie?
- Welche Technik wird dafür benötigt?
- Welches technische Know-how wird zur Produktion benötigt?
- Welches technische Know-how ist inhouse verfügbar/welches sollte extern eingekauft werden? Gibt es Möglichkeiten der Zusammenarbeit (zum Beispiel Kooperation mit Technologieunternehmen)?
- Welche redaktionellen Ressourcen werden benötigt? (Projektleiter, Journalist, Grafik, IT-Experte etc.)

*Workflowebene*

- Welche Funktion hat die VR-Story intern? Ist sie als Projekt angelegt oder ist sie Teil des bereits vorhandenen Workflows?
- Wer genau ist mit welcher Rolle involviert?
- Bei wem genau liegen die Entscheidungskompetenzen und für was genau?
- Wie genau sieht der Produktionsplan aus?
- Wie genau sieht der Publikationsplan aus?

## 3.1 VR-Konzeption

*Budgetebene*
- Wie hoch sind die kalkulierten Kosten für die VR-Produktion?
- Gibt es ein Budget für die VR-Story?
- Welche weiteren finanziellen Möglichkeiten bestehen (zum Beispiel Funding, oder Sponsoring)

*Metaebene*
- Was genau sind die Risiken, die im Laufe der Produktion entstehen können? Welches sind die Lösungen – oder die Maßnahmen dahingehend?
- Wie genau sieht der Kommunikation-PR-Plan für die Story aus?
- Welche Abteilung muss inhouse eingebunden werden? (zum Beispiel andere Ressorts, Vertrieb)
- Wann und wie werden die Erkenntnisse in einer Lessons-learned erfasst und mit wem geteilt?

Beim Übergang von der Konzeption der VR-Story hin zur Planung der Produktion ergeben sich auch weitere Fragestellungen und redaktionelle Entscheidungen für den Dreh, die Auswahl der Orte, den Sound und Akteure und wie diese dem Nutzer gegenübertreten sowie die Post-Produktion.

**ZDF Digital gibt einen Einblick in die Produktionsüberlegungen:**
- Möchte ich in 360°/3D drehen?
- Nehme ich Spatial-Sound auf?
- Wieviel Zeit und Know-how habe ich, um mich vor Ort mit Technik zu beschäftigen?
- Bin ich teil der Geschichte oder benötige ich einen Platz, um mich (vor der Kamera) zu verstecken?
- Wechsele ich oft den Standort?
- Welche Rolle spielen die Höhe und der Blickwinkel der Kamera? Werden ggfs. spezielle Stative benötigt?
- Benötige ich einen Kontrollmonitor.
- Habe ich ausreichend Möglichkeiten die anfallenden, sehr großen Datenmengen zu sichern?
- Wie viel Zeit habe ich für die Postproduktion? Ist eine Kamera mit einfacher Stichtingsoftware nutzbar?

- Kann ich, zugunsten von Geschwindigkeit und Einfachheit, Kompromisse bei der Bildqualität eingehen?
- Wird ausschließlich für Social Media (Facebook / YouTube) produziert und spielt leichte Bedienbarkeit, Geschwindigkeit sowie Gewicht und Platzbedarf eine Rolle?
- Absprachen mit den an der Publikation beteiligten Personen finden auch hier statt. (Planung, Koordination, Presse, Marketing, Social Media etc.)
- Wie „immmersiv" ist die Umsetzung? Bleibt in den einzelnen Szenen genug Zeit „anzukommen"? Was macht der Magen (Thema: Motion Sickness)?
- Abnahme: Sind auffällige technische Fehler vorhanden? Zum Beispiel sogenannte Stitchlines.
- Sound-Abnahme: Ist der Sound passend zu den Umgebungen und der Storyaussage?
- Abnahme: Plattform beachten und entsprechende Endgeräte testen.

## 3.2 VR-Produktion

**Die Höhe der Produktionskosten für eine VR-Story** hängt von unterschiedlichen Faktoren ab. Ähnlich wie bei klassischen multimedialen Produktionen sind der inhaltliche Umfang und die Technikintensität ausschlaggebend. Die VR-Konzeption sollte bereits beinhalten, welches Ziel mit welchen Mitteln erreicht werden soll. Die VR-spezifische Narration hat Auswirkungen auf die Kostenplanung und sollte daher im Vorfeld ausführlich und genau vorgenommen werden. Da VR-Anwendungen komplex sind, sollte die Planung ein professionelles Fundament für die Budgetierung liefern. Darüber hinaus sind folgende Kostenfaktoren im VR-Journalismus zu bedenken:

- Produktionsumgebung,
- Veröffentlichungsplattformen,
- Teamgröße und -zusammensetzung.

**Produktionsumgebung** – Der Technikeinsatz beeinflusst die Kalkulation von VR-Anwendungen entscheidend. Denn: stereoskopische Kameras, besondere Rigs oder CGI-Räume sind kostenintensiver als eine Produktion mit einer 360°-Prosumer-Kamera.

## 3.2 VR-Produktion

**Hier unterscheidet sich VR von anderen Medien** insofern, als dass der Raum, in dem die VR-Geschichte erzählt wird, eine große Rolle spielt. Denn: Der Nutzer betrachtet nicht nur eine VR-Geschichte auf einem flachen Bildschirm, er befindet sich inmitten der VR-Anwendung. Nicht nur ein Ausschnitt der Sphäre, sondern die gesamte Umgebung sollte Teil der Vorüberlegungen sein. Daher ist es unerlässlich, gleich am Anfang zu klären, wie dieser sphärische Raum dargestellt werden, welche Informationen vermittelt werden sollen. Generell gilt: je mehr Aufwand für die Erfassung des Raums betrieben wird, desto höher sind die Kosten.

**Zwei Beispiele sollen dies verdeutlichen:** Zunächst einmal können 360°-Aufnahmen einen unterschiedlichen Aufwand hervorrufen. Wenn ein Reporter beispielsweise eine Demonstration lediglich begleiten soll und die Stimmung oder einzelne Interviews einfangen soll, kann das gegebenenfalls mit einer Prosumer Kamera und einem kleinen Team oder gar alleine gemacht werden. Wenn es sich allerdings um ein aufwändiges Interview mit einer Person oder an einem schwer zugänglichen Ort handelt, dann müssen wahrscheinlich die Belichtung und mehrere Testaufnahmen berücksichtigt werden (S. Kapitel VR-Planung). Das zweite Beispiel sind CGI-Produktionen: Auf der einen Seite kann die Erstellung eines computer-generierten Raums deutlich teurer werden als das Abfilmen desselben Raums, da 3D-Objekte erstellt werden müssen, vielleicht sogar Avatare bearbeitet werden müssen. Das sollte nicht direkt gegen volumetrische Produktionen sprechen, denn auch die können deutlich kostengünstiger ausfallen als Filmaufnahmen desselben Raums – denkt man an Drehgenehmigungen, Reise-, Team- und Transportkosten. Schlussendlich kann festgehalten werden, dass jede Produktion einzeln betrachtet werden muss, um den Kostenfaktor zu benennen. VR bedeutet nicht automatisch, dass es sich um eine besonders teure Produktion handelt, ein dezidierter Blick auf einzelne Projekte ist maßgeblich.

**Veröffentlichungsplattformen** – da der Markt der Distributionskanäle diversifiziert ist und die technische Produktion den Ausspielkanälen entsprechen muss, sollte die Entscheidung, für welche Veröffentlichungsplattform und welche Endgeräte die VR-Story optimiert sein soll, am Anfang festgelegt werden (Distributionsstrategie). Zunächst sollte definiert werden, welches Ziel mit der VR-Geschichte erreicht werden soll und was genau den Mehrwert für die Produktion in VR ausmacht. Dann sollte beschlossen werden, für welche Zielgruppe ein bestimmtes VR-Erlebnis entwickelt wird. Mit VR als Medium wurde der Massenmarkt bisher noch nicht erschlossen. Daher müssen die Produzenten und Redakteure wissen, wer über welche Endgeräte verfügt und auf welcher Plattform VR-Inhalte konsumiert.

**Qualität und Reichweite klaffen im VR-Journalismus noch oft auseinander.** Wer eine hohe Reichweite erzielen möchte, der sollte sich auf mobile Endgeräte konzentrieren. Über Plattformen wie Facebook und YouTube oder über den Magic-Window-Effekt im Browser kann eine VR-Story eine hohe Reichweite erzielen, da keine kostenintensiven Endgeräte seitens der Nutzer benötigt werden (S. Kapitel VR-Markt). Wer allerdings eine Roomscale VR-Anwendung anbieten möchte, in der sich die Nutzer frei bewegen oder mit Objekten im Raum interagieren können, der richtet sich an eine Zielgruppe, die über die entsprechenden Endgeräte wie Oculus Rift oder HTC Vive sowie einen leistungsfähigen Computer verfügt.

**Teamgröße und -zusammensetzung** – da sich der VR-Journalismus immer noch in einem Experimentierstatus befindet und es nur wenige etablierte Workflows gibt, ist es ratsam, im Rahmen von VR-Produktionen auf multidisziplinäre Teams zu setzen. Abhängig von der Zielsetzung und Zielgruppe reicht es oft nicht, allein mit einer Prosumer Kamera loszugehen und in 360° zu filmen. Das Kamerateam sollte insbesondere Erfahrung mit Lichtsetzung und Ton in 360° haben. Bei einer CGI-Anwendung braucht es darüber hinaus einen 3D-Artist. Für den Navigationsfluss bietet es sich an, einen Gamedesigner und gegebenenfalls einen UX-Experten im Team zu haben. Auch ein Designer für die In-VR Elemente sollte nicht fehlen. In der Postproduktion müssen die Cutter Erfahrung im Stitchen und im Schneiden haben. Es empfiehlt sich, dass vor einer Produktion das gesamte Team zusammenkommt und über diese Punkte gemeinsam ein Verständnis entwickeln.

Im Folgenden sollen drei Varianten der VR-Produktion beispielhaft erläutert werden. Diese Beispiele haben die Autorinnen anhand des Kriteriums Aufwand in drei Kategorien eingeteilt: Eine schnelle, eine praktikable und eine große Variante. Diese drei Varianten sind rein hypothetisch und decken sicherlich nicht alle Produktionsvarianten ab, geben aber einen Überblick darüber, welche VR-Strategie in Redaktionen gefahren werden kann.

### 3.2.1 Die schnelle Variante

Sönke Kirchhof, Geschäftsführer des Berliner VR-Unternehmens INVR, ermutigt Journalisten, *„sich mit dem Medium möglichst intensiv auseinanderzusetzen, viele VR-Anwendungen auszuprobieren und zu schauen, was einem selbst gefällt."*[147] Er plädiert für einen offenen Umgang mit dem Medium. Für Kirchhof ist VR kein eli-

---

[147] Kirchhof, 2018

## 3.2 VR-Produktion

täres Medium. Er meint: *"Ein Smartphone hat fast jeder in der Tasche, ein Cardboard bekommt man entweder auf Messen oder kauft es sich online. Der nächste Schritt ist einfach eine Consumer Kamera kaufen oder leihen und ausprobieren."* Mit dieser Einstellung soll der Einstieg in das Medium und die schnelle Variante verstanden werden. Nehmen wir an, der Journalist möchte eine Veranstaltung als VR-Bericht umsetzen. Dann kann er mit einer Prosumer 360°-Kamera zu der Veranstaltung gehen und vor Ort Interviews führen, Fotos und Atmo-Videos aufnehmen und diese Mediendateien direkt über eine mit der 360°-Kamera verbundenen App auf dem Handy stitchen, teilweise bearbeiten (Filter, Belichtung, trimmen) und über Facebook hochladen oder über Programme wie Fader schnell in WebVR auf der eigenen Webseite veröffentlichen. Diese schnelle Variante kann innerhalb einer kurzen Zeit durchgeführt werden und ist vor allem in der tagesaktuellen Berichterstattung eine Alternative. Journalisten mit etwas mehr VR-Erfahrung können auch in dieser schnellen Variante 3D-Objekte integrieren. So bietet beispielsweise Sketchfab an, 3D Objekte für eigene Produktionen zu nutzen. Diese können dann heruntergeladen und in eigene VR-Anwendungen einbezogen werden.

### 3.2.2 Die praktikable Variante

In dieser hypothetischen Variante arbeitet der Journalist nicht mehr allein und mit einer Prosumer Kamera, sondern mit qualitativ hochwertigeren Kameraausrüstungen (S. Kapitel Tools für die journalistische VR-Produktion). In dieser Variante gehen wir von Teamarbeit aus (siehe Kapitel Die Planung). Am Drehort können Vorbereitungen getroffen werden und in der Postproduktion können Softwareprodukte für das Stitchen und Schneiden zum Einsatz kommen. Im weiteren Produktionsverlauf können Animationen, 2D-Medien und Texte erstellt werden und die vollendete VR-Anwendung auf mehrere Plattformen veröffentlicht werden. Diese praktikable Variante wäre beispielsweise für ein wöchentliches Feature denkbar. *"Grundsätzlich ist es sinnvoll in 3D zu produzieren, weil es um Immersion geht. Auch beim Ton ist es wichtig, ihn im Raum zu integrieren, um damit die Blicke des Nutzers zu lenken,"*[148] betont Kirchhof.

---

148 Kirchhof, 2018

## 3.2.3 Die große Variante

Über 360°-Inhalte hinaus können auch computer-generierte Welten erstellt werden. Dafür werden Game-Engines benötigt. Für die Erstellung dieser volumetrischen Produktion werden unter Umständen Programmierer und 3D-Künstler benötigt. Stereoskopische Kameras können genutzt werden. Mittlerweile werden 3D-Scanning-Methoden immer üblicher, so dass beispielsweise mit der Matterport ganze Gebäude eingescannt und diese dann begehbar gemacht werden. Selbst Videogrammetrie ist denkbar – eine Methode, bei der beispielsweise. Menschen in 3D eingescannt/gefilmt werden und diese dann in VR-Stories eingefügt werden.

**VR-Stories zu planen, zu produzieren und zu publizieren** bedeutet ein Umdenken für den Storyteller, den Journalisten. VR-Storytelling ist komplex und erfordert den Einsatz aktueller Techniken und eines kreativen Know-hows in unterschiedlichen Disziplinen wie Design. Teamarbeit ist dabei entscheidend. Mia Tramz, Managing Editor of LifeVR, sagt: *„Ich denke, dass jede Nachrichten- oder Medienorganisation bewerten muss, was ihr Publikum von ihnen erwartet und wie das Team aussieht, das das unterstützt."*[149]

---

**Tipps für die journalistische Planung und Produktion in VR:**
*Storytelling*
- Umdenken – VR-Storytelling-Besonderheiten beachten (s. Kapitel Das Handwerk: VR-Storytelling).
- Story sollte durch die Produktion in VR ein klaren Zusatznutzen haben.
- Journalist produziert ein umfassendes Erlebnis, non-linear.
- Langsames Storytelling: der Nutzer benötigt mehr Zeit als in klassischen Szenarien, sich an die Umgebung etc. zu gewöhnen.
- Dem Storytelling in VR sollte ein VR-Konzept vorausgehen.
- Es sollte eine Balance zwischen Interaktion und Erkunden-lassen für den Nutzer hergestellt werden.[150]
- Die Umgebung (Landschaften, Räume etc.) sollten in Einklang mit der Story stehen und diese nicht überlagern.[151]

---

149 Tramz, 2017
150 EBU Studie, 2017
151 EBU Studie, 2017

## 3.2 VR-Produktion

*Technik und Produktion*
- „Beginne mit einer einfachen Kamera wie der Theta S."[152]
- Die Technikauswahl sollte abhängig von der Produktionsart (360°, CGI oder volumetrisch) aktuell und dem Story-Inhalt, der jeweiligen Situation angemessen sein.
- Die Haupthandlung sollte sich in einer Entfernung von ca. 1.5 bis 2.5m Entfernung von der Kamera abspielen. (Es ist anstrengend Objekte zu fokussieren die sich näher als 0.5 Meter vom Zuschauer entfernt befinden und aufgrund der weitwinkligen Objektive und relativ geringen Auflösung beim Betrachten, verlieren Objekte, die weiter als 3 Meter vom Auge des Betrachters entfernt sind, zunehmend an Details.)[153]
- Nähe generieren, aber keine Überforderung und Schreckmomente durch „Close-ups" schaffen.[154]
- Keine „Cut-aways"[155]
- Schnelle Schnitte und Positionswechsel können zu Desorientierung des Betrachters führen – „motion sickness" und „disembodiment". Das gleiche gilt für Beschleunigungen, Gierdrehung (Drehung um die eigene Achse) und Kippen oder Bewegung nach oben und unten. Machbar: langsame, kontinuierliche, lineare Bewegungen entlang der Sichtlinie.[156]
- Als Journalist beim Interview rausgehen und die Menschen direkt mit der Kamera sprechen lassen.[157]
- Iterativ produzieren.[158]

Von den Erfahrungen der Gamingindustrie können Journalisten insbesondere für die Produktion von volumetrischen Inhalten lernen. Patrick Wilkinson, Gründer und Studio Manager von Cat Daddy Games in Seattle, USA, teilt ein paar Tipps:[159]

---

[152] Watson, 2017
[153] Köberich, 2017
[154] EBU Studie, 2017
[155] Watson, BBC VR 2017
[156] Köberich, 2017
[157] Hill, 2017
[158] Banzer, 2017
[159] Wilkinson, 2017

Es gibt viele Dinge, die Sie bei der Gestaltung einer virtuellen Welt beachten müssen:
- Die erstellten Inhalte müssen sehr effizient erstellt werden, damit sie mit sehr hohen Bildraten gerendert werden können. Geringere Bildraten können Übelkeit hervorrufen.
- Sie sollten einen Kunst- und Beleuchtungsstil wählen, der es leicht macht, die Tiefe zu erkennen und gleichzeitig die Grenzen der Hardware zu verbergen.
- Audioquellen müssen an der richtigen Stelle platziert werden, damit sie Aufmerksamkeit lenken und nicht ablenken. Die entsprechende Technik ist entscheidend, damit die Klänge in der 3D-Umgebung Kopfschattenbildung simulieren, wenn der Benutzer seinen Kopf von links nach rechts dreht. Abhängig von den Umständen müssen die Sounds auch für Reverb und Filterung entsprechend der Natur der Umgebung angepasst werden.
- Denken Sie über einen Kamerakontrollmechanismus nach, der das künstliche Beschleunigen und Abbremsen der Kamerabewegung mindert, damit es nicht zu Übelkeit, Motion-Sickness führt. In Spielen wird das zum Beispiel dadurch gelöst, dass der Spieler in ein Cockpit eines Fahrzeugs gesetzt wird, so dass er einen lokalen Bezugsrahmen hat, während er durch die Welt navigiert. Alternativ kann man sich auch um eine Karte teleportieren oder die Kamera mit konstanter Geschwindigkeit wie auf einem Förderband) bewegen lassen.
- Angesichts der Tatsache, dass VR so ein immersives Erlebnis ist, möchten Sie die Vorteile voll ausschöpfen und gleichzeitig den Spieler nicht überfordern. Höhenangst zum Beispiel ist in VR auf eine Weise spürbar wie in keinem anderen Medium.

## 3.3 Tools für die journalistische VR-Produktion

Entlang des journalistischen Workflows (von Erstellung bis Veröffentlichung) gibt es eine Reihe von Tools und Plattformen, die von Journalisten eingesetzt werden können. Einige davon werden hier exemplarisch vorgestellt. Diese Liste erhebt keinen Anspruch auf Vollständigkeit. Da sich der VR-Markt weiterentwickelt, werden in den nächsten Monaten und Jahren neue Tools auf den Markt kommen, andere werden wieder verschwinden. Die folgende Liste bietet einen Überblick über einige Tools, die im Rahmen der Experteninterviews genannt wurden.

## 3.3 Tools für die journalistische VR-Produktion

**Tab. 4** 360°-Produktionstools. Quelle: Manuela Feyder, Linda Rath-Wiggins

| | |
|---|---|
| VR-Hardware und -Software für die Erstellung | • 360°-monoskopische Kameras<br>• 360°-stereoskopische Kameras<br>• 3D-Scanner<br>• Spiele-Engines |
| Stitching | • Kolor Autopano Video Pro<br>• VideoStitch Studio<br>• Mistika VR<br>• Kamera-eigene Apps |
| Schnitt | • Adobe Premiere Pro CC 2018<br>• Final Cut Pro X<br>• Weitere Plattformen |
| Ton | • Avid ProTools HD mit PlugIns<br>• Facebook 360 Spatial Workstation |
| Veröffentlichung | • Plattformen für stationäre Endgeräte<br>• Plattformen für mobile Endgeräte |

### 3.3.1 VR-Hardware und -Software für die Erstellung

Im Hardwarebereich unterscheiden wir zwischen monoskopischen und stereoskopischen VR-Kameras im Prosumer und Profibereich. Die Aufnahmequalität und das Stichting-Verfahren sind dabei verschieden. Der Prozess des Stitching bei einer 360°-Produktion bedeutet, dass die überlappenden Bereiche der verschiedenen Kameras zusammengesetzt werden, so dass ein sphärisches 360°-Bild entsteht. Dieser Prozess kann manuell oder automatisch durchgeführt werden. Die Prosumer-Kameras bieten für das Stitchen meist eine App an, in der das automatisch übernommen wird.

#### 3.3.1.1 360°-monoskopische Kameras

**Der VR-Markt bietet mittlerweile viele, unterschiedliche VR-Kameras.** Um die richtige Entscheidung über den Kauf oder die Ausleihe eines Gerätes zu treffen, sollte der Journalist wissen, was die verschiedenen VR-Kameras leisten. Zunächst werden hier die monoskopischen Kameras betrachtet: drei VR-Kameras für Prosumer und zwei für Profis. Da sich der VR-Kamera-Markt sehr dynamisch verhält, kann damit gerechnet werden, dass in den nächsten Monaten weitere Alternativen zur Verfügung stehen. Es lohnt sich also, aktuelle Recherchen durchzuführen.

**Eine monoskopische Prosumer Kamera ist die Ricoh Theta**[160]. Das Standard-360°-Kameramodell erlaubt eine 5376×2688-Auflösung bei Bildern und eine 1920x1080-Auflösung bei Videos. Diese Kamera ist insofern benutzerfreundlich, als dass sie lediglich eine Taste für den Aufnahmemodus (Standbildmodus oder Videoaufnahmemodus) und eine Auslösetaste besitzt. Die Belichtungssteuerung und der Weißabgleich können in der dazugehörigen App eingestellt werden. Beim Kauf dieser Kamera kann der Nutzer darüber hinaus eine App herunterladen, von der aus ein Auslöser (für Standbild und Video) und eine Vorschaufunktion (für Standbilder) angeboten werden. Ist die Aufnahme einmal gemacht, kann sie in der App gestitched und auf weitere Plattformen hochgeladen werden. Hinzu kommt, dass die Aufnahmen „Google Streetview workflow-ready" ist – das bedeutet, die 360°-Inhalte können direkt auf Google Streetview publiziert werden.

**Abb. 70** Ricoh Theta. Quelle: © INVR.SPACE GmbH

**Eine weitere monoskopische Prosumer-Kamera ist die Samsung Gear 360**[161]. Sie gehört zur Samsung Galaxy Reihe und ist v. a. kompatibel mit den Samsung Handys Galaxy S7+ und mit der VR-Brille Gear VR. Hier bietet Samsung eine Kombination aus Produktion, Distribution und Nutzung an. Die neueste Version der Samsung Gear 360 ist auch mit anderen Handys kompatibel, so dass der Nutzer nicht mehr auf ein Samsung Handy angewiesen ist. Auch hier – ähnlich wie bei der Ricoh Theta – ist eine App verfügbar, die sowohl als Auslöser für die Kamera genutzt werden kann und auch das Stitching direkt in der App übernimmt. Auch mit dieser VR-Kamera ist das Hochladen der 360° Inhalte auf weitere Plattformen möglich.

---

160 Ricoh Theta, 2017
161 Samsung Gear VR, 2017

## 3.3 Tools für die journalistische VR-Produktion

**Abb. 71** Samsung Gear 360. Quelle: © INVR.SPACE GmbH

**Die Nikon KeyMission 360**[162] **ist ebenfalls eine VR-Kamera im Prosumer Bereich.** Diese Kamera ist wasserdicht, stoßfest und erlaubt das Aufnehmen von 4K Videos. Nikon bietet die App SnapBridge 360/170 an, durch die sowohl Android als auch iOS-Handys mit der Kamera verbunden werden können. Die App übernimmt auch das automatische Stitchen.

**Eine professionelle 360°-Kameraausrüstung** besteht meist aus einer qualitativ hochwertigen 360°-Kamera: Diese Kameras verfügen über mehr als zwei Kameras, deren Auflösung bedeutend höher ist. Nach der Aufnahme können die Kamerabilder einzeln exportiert werden und später in der Postproduktion manuell gestitched werden. Darüber hinaus werden mittlerweile Kameras angeboten, die halbautomatisch mehrere Kameras beinhalten.

**Die GoPro Omni**[163] bietet die Möglichkeit, mit sechs GoPros (Hero4) Bilder aufzunehmen, die dann gestitcht werden (beispielsweise mit Autopano Pro von Kolor).

**Abb. 72** GoPro Omni. Quelle: © INVR.SPACE GmbH

---

162 Nikon Key Mission, 2017
163 GoPro Omni, 2017

Die Insta360 Pro[164] ist eine weitere hochwertige 360°-Kamera. Diese Kamera bietet Videos in 8K-Auflösung an, sie wird mit einer dazugehörigen Stitching-Software angeboten und mit der Kamera können Journalisten auch stereoskopische Bilder produzieren. Sie hat außerdem einen Modus für 360°-Livestreaming.

**Abb. 73**  Insta360 Pro. Quelle: © INVR.SPACE GmbH

### 3.3.1.2 360°-stereoskopische Kameras

**Stereoskopie bedeutet,** dass Bilder mit einem räumlichen Eindruck von Tiefe wiedergegeben werden. Stereoskopische Kameras haben in der Regel mehr als zwei Objektive. Das Besondere ist die relative Anordnung der Objektive zueinander, aus der sich eine den Augen ähnliche Parallaxe ergibt. Dadurch kann je eine Sphäre für das linke Auge und eine für das rechte Auge aufgenommen werden. Mittlerweile gibt es mehrere Kameras auf dem Markt, die stereoskop und in 360° aufnehmen.

**Die Vuze Kamera**[165] von der Firma Humaneyez ist ein Beispiel für eine solche VR-Kamera. Sie ist eine Prosumer Kamera, die an jeder der vier Seiten zwei Objektive hat und damit ein „3D-Gefühl" erzeugt. Jeder der einzelnen Kameras erzeugt HD-Material. Die Kamera besitzt vier interne Mikrofone, um ein 3D Audio Feld zu kreieren.

**Die LucidCam**[166] ist ein weiteres Beispiel in dieser Kategorie. Auch diese Kamera ist für Prosumer gedacht, sie hat allerdings nur zwei Objektive, die in eine Richtung gerichtet sind – bildet daher nur 180° ab.

---

164 Insta 360, 2017
165 Vuze, 2017
166 LucidCam, 2017

## 3.3 Tools für die journalistische VR-Produktion

**Abb. 74**  LucidCam. Quelle: © INVR.SPACE GmbH

### 3.3.1.3 3D-Scanner

**Ein anderes technisches Verfahren, um VR-Aufnahmen zu erhalten**, ist das Scannen in 3D. Bei dem Verfahren – auch Photogrammmetrie genannt, wird die Geometrie eines realen Gegenstands oder Raumes erfasst. Es entsteht also eine digitale 3D-Kopie dieses Objektes, das als Polygonnetzdatei exportiert wird. Polygonale Formen sind Flächen, die viele Punkte und Linien miteinander verbinden. Zusammengeführt entsteht aus den geometrischen Objekten ein Netz. Das Polygonnetz ist ein 3D-Modell des Objekts, das mit der entsprechenden Software weiterverarbeitet werden kann.

Ein Beispiel solcher 3D-Scanner ist die Matterport[167]. Man kann die Matterport auf ein Stativ setzen und dann sukkzessiv einen Raum abscannen. Journalisten können sich eine App von Matterport installieren und auch von dort aus die Scans auslösen. Ein Scan dauert ungefähr 60 Sekunden. Nachdem ein Raum oder ein Gebäude eingegescannt ist, wird das Objekt in der Cloud gespeichert und kann von dort aus abgerufen werden.

### 3.3.1.4 Game Engines

**Game Engines (Spiele-Engines) sind technische Frameworks**, also Programmierrahmen, um virtuelle Realitäten zu erstellen. Sie steuern den Verlauf der VR-Story und ermöglichen die visuelle Gestaltung der VR-Umgebung. Sie sind aus der Gamingindustrie nicht wegzudenken, denn sie bilden dort das Fundament für die Programmierung von Spielen. Diese Gestaltungsmöglichkeiten macht sich der VR-Journalismus zunutze und arbeitet auch mit diesen Frameworks, um VR-Erlebnisse zu schaffen. Bevor in einer Game-Engine gearbeitet werden kann,

---

167 Matterport, 2017

werden 3D-Objekte von 3D-Künstlern in Programmen wie Maya, Blender oder auch 3ds Max modelliert, um sie dann in Game-Engines zu importieren. In den Game-Engines werden dann Navigationsverläufe definiert, um eine Narrative zu erstellen. Zusätzlich kann Licht gesetzt werden und der virtuelle Raum komplett so erstellt werden, wie der Journalist dies für seine VR-Story benötigt.

**Wenn ein VR-Erlebnis mit Hilfe dieser Game-Engines gebaut wird,** kann es über die Plattformen Playstation VR, XBox One, Oculus Rift oder HTC Vive distribuiert werden, aber auch als App für mobile Plattformen. Die Nutzer können dann diese VR-Erlebnisse als Roomscale-Erlebnis (oder auch Fullscale-Erlebnis genannt) nutzen. Das bedeutet, dass der Nutzer sich in der VR-Anwendung frei bewegen kann, so wie er es auch im realen Leben tun würde. Seine realen Bewegungen spiegeln sich in der VR-Umgebung wider.

**Unity ist ein Beispiel einer solchen Game-Engine.** Das Programm ermöglicht Programmierern, virtuelle Welten zu erstellen, die Narrative zu bauen, das Licht zu setzen, Audios zu integrieren – auch als 3D-Audios.

**Abb. 75** Bearbeitung eines 3D-Raums mit Hilfe von Unity. Quelle: Jens Brandenburg und Stephan Gensch

Unreal ist ein weiteres Beispiel einer Game-Engine. Die Game-Engine wurde von Epic Games entwickelt. Auch hier ist die Distribution via Fullscale-VR-Plattformen möglich.

## 3.3.2 Stitching

**Stitching bedeutet** auf Englisch „nähen". Der Begriff stammt aus der Fotografie und bezeichnet „*das Erstellen einer großen Fotografie aus verschiedenen kleineren Einzelaufnahmen*[168]". Da eine 360°-Kamera über mehrere Linsen verfügt und vom selben Standort aus Aufnahmen macht, kann ein Stitching in zwei Schritten verlaufen: Umrechnung der Bilder in ein Koordinatensystem und deren Zusammensetzung[169]. Es entstehen sphärische Bilder, die im Anschluss als Ausgangsmaterial für die 360°-Produktion stehen. Der Stitching-Prozess kann sowohl automatisch als auch manuell durchgeführt werden.

Unterschiedliche Programme unterstützen den Journalisten beim Stitchen.

**Kolor Autopano Video Pro**[170] ist eines der umfangreichsten Stitching-Tools, die im journalistischen Kontext für 360° Produktionen verfügbar sind. Es erlaubt ein manuelles Synchronisieren und Stitchen von mehreren Bild- und Videoquellen. Kolor wurde 2015 von GoPro gekauft. Dementsprechend verweisen die Hersteller auf einen einfachen Produktionsprozess, der mit einer GoPro Omni beginnt und die deren sechs Bewegtbildquellen dann nutzt. Ein Vorteil des Tools ist die Tatsache, dass es viele Punkte des gesamten Workflows abdeckt. Zum einen erlaubt Autopano Video Pro das Importieren unterschiedlicher Kameras einer Aufnahme und das Synchronisieren dieser Kameras sowie das manuelle Stitchen der Inhalte. Insbesondere, wenn Journalisten mit verschiedenen GoPros arbeiten, zeigt sich dieser Vorteil. Darüber hinaus erlaubt Autopano Video Pro Farbkorrekturen der Bewegtbildinhalte. Ein Preview Player erlaubt es, die VR-Erlebnisse auf einer VR-Brille, wie zum Beispiel auf der Oculus Rift oder auf der HTC Vive vorab anzusehen. Die Videos können in vielen verschiedenen Formaten exportiert werden. Die auf diese Weise bereitgestellten 360°-Inhalte können im Anschluss geschnitten werden.

**VideoStitch Studio von Orah**[171] ist ein weiteres Programm, mit dem Bewegtbildaufnahmen zusammengesetzt werden können. Auch hier kann die Synchronisation, das Stitching und das Exportieren in ein gängiges Videoformat helfen, die 360°-Produktion zu beschleunigen. Das in Paris gegründete Unternehmen bietet auch eine eigene Kamera als Hardwarelösung an – die Meet Orah 4i.

---

168 https://de.wikipedia.org/wiki/Stitching
169 https://de.wikipedia.org/wiki/Stitching
170 Kolor Autopano Video Pro, 2018
171 Orah, 2018

**Mistika VR von SGO**[172] verspricht einen besonders schnellen Prozess mit ihren eigenen Algorithmen. Außerdem bieten sie ein sogenanntes „Optical Flow Stitching" an.

**Kamera-eigene Apps zum Stitchen** werden immer häufiger mit den entsprechenden Kameras angeboten. Auch für professionelle Kameras wie der Insta360 Pro. Die Kamera Samsung 360 verfügt wiederum über die Gear 360 ActionDirector Software, ebenfalls eine kameraeigene Stitching-Software.

Generell kann davon ausgegangen werden, dass der Stitching-Prozess in Zukunft immer einfacher und automatisierter erfolgen wird. Eine manuelle Bearbeitungsmöglichkeit wird immer gegeben sein, aber dieser erste Prozess nach der Aufnahme von 360°-Inhalten wird im Laufe der Zeit und mit weiteren Hardware-Produkten an Qualität zunehmen.

### 3.3.3 Schnitt

Nachdem die Bilder zusammen gestitched sind, können die 360°-Inhalte in der Postproduktion geschnitten werden. Auch hierfür gibt es eine Reihe von Programmen, die zum Teil bereits aus dem Film- und TV-Schnitt bekannt sind. Speziell für sphärische Inhalte bieten aber auch neue Programme Lösungen.

**Adobe Premiere Pro**[173] verfügt mittlerweile über viele VR-geeignete Optionen, die vorher nur über zusätzliche Plugins zur Verfügung standen. Es können in der neuesten Version unter anderem Grafiken oder Texte in das 360°-Format eingefügt werden. Die sphärischen Inhalte können direkt im Programm gedreht, immersive Effekte und Überblendungen können ohne Verzerrungen eingefügt werden. Adobe Premiere Pro bietet sogar die Bearbeitung direkt im VR-Headset an. Durch Verwendung des VR-Modus können die Produzenten die Inhalte so sehen, wie die Nutzer später auch. Adobe Premiere Pro ist wahrscheinlich das am häufigsten erwähnte Schnittprogramm während der Interviews und hat im Laufe des letzten Jahres 2017/2018 noch einmal viele weitere Features hinzubekommen.

**Apple's Final Cut Pro X**[174] **unterstützt die Bearbeitung von 360°-Inhalten.** Auch hier kann der Nutzer mittlerweile ohne weitere Plugins 360°-Inhalte importieren

---

172 Mistika, 2018
173 Adobe Premiere Pro, 2018
174 Final Cut Pro, 2018

## 3.3 Tools für die journalistische VR-Produktion

und bearbeiten. Diese Inhalte werden symbolisch ausgewiesen. Es werden sowohl monoskopische als auch stereoskopische Projektionsarten unterstützt. Der 360°-Viewer ist ein neu implementiertes Feature, um das equirektangulare Format zu sehen. Bei der Verbindung des Computers mit einem VR-Headsets kann sich der Journalist die Bearbeitung seines Materials direkt in VR ansehen. Neu ist auch der Patchfilter, der das Retouchieren des Stativs erlaubt.

**Programme, die sich speziell auf das 360°-Storytelling fokussieren** und Bearbeitungsmöglichkeiten für das VR-Material bieten und somit über die Funktionen der bisherigen Programme hinaus gehen, ist unter anderem VIAR360. Das Programm ist ein cloud-basiertes Content Management System (CMS) für VR-Anwendungen, dass es Journalisten ermöglicht, interaktive 360°-Erlebnisse zu bearbeiten und zu veröffentlichen.

**Der Editor in Veer VR**[175] ermöglicht Journalisten, eigene 360°-Inhalte vom Handy hochzuladen und zu bearbeiten. Diese Inhalte können im Editor beliebig aneinandergereiht werden. Filtereffekte können sowohl auf die 360°-Bilder als auch auf die 360°-Videos angewendet und individuelle 360°-Videos getrimmt werden. Wenn die Aneinanderreihung fertig ist, kann der Journalist die Geschichte publizieren. Diese VR-Story ist dann in der VeeR-App auffindbar.

**Fader**[176] **von Vragments ist eine kostenfreie web-basierte VR-Plattform**, mit der Journalisten 360°-Geschichten produzieren und publizieren können. Der Journalist lädt seine 360°-Inhalte hoch, reiht die einzelnen Inhalte in Szenen aneinander und kann darüber hinaus 2D-Inhalte integrieren, Audios laden und die VR-Story interaktiv gestalten. Das Ergebnis kann webbasiert auf mobilen Endgeräten oder auf Laptops oder Computern im Browser angeschaut und in Webseiten integriert werden.

**Thinklink**[177] **ist eine Plattform**, die es erlaubt, Fotos zu annotieren und diese Fotos dann mit diesen Anmerkungen in Webseiten zu integrieren. Mittlerweile bietet Thinglink diesen Service auch für 360°-Bilder an. Das Besondere ist, dass Journalisten hinter diesen Hotspots auch 2D-Videos integrieren können.

---

175 Veer VR, 2018
176 Fader, 2018, Disclosure: Autorin Linda Rath-Wiggins ist Mitgründerin des Unternehmens Vragments, das Fader entwickelt.
177 Thinglink, 2018

**WondaVR ist ein weiteres Tool**, mit dem Journalisten interaktive VR Erlebnisse kreieren können. Der Nutzer lädt den Wonda Client herunter, lädt die 360°-Inhalte hoch, verknüpft sie zu einem interaktiven 360°-Erlebnis und kann die VR-Anwendung dann veröffentlichen. Um die VR-Erlebnisse sehen zu können, müssen die Nutzer eine Wonda App herunterladen.

**Blender ist eine kostenfreie Open-Source-Plattform**, die das Erstellen von 3D-Objekten ermöglicht. Mit Hilfe von Tutorials können einfache Formen vergleichsweise schnell eigenständig erstellt werden. Diese 3D-Objekte werden dann exportiert und beispielsweise in einer Game-Engine eingesetzt, um damit VR-Geschichten zu erzählen.

**Unity ist eine weit verbreitete Game-Engine**, in der 3D-Objekte integriert, Navigationsflows erstellt und bei Bedarf mit 360°-Bildern und -Videos gemixt werden können. In Unity wird das Licht gesetzt und aus Unity heraus können dann die einzelnen VR-Erlebnisse in die entsprechenden Versionen für VR-Brillen wie die Oculus Rift oder HTC Vive exportiert werden. Eine vergleichbare Game-Engine ist Unreal von Epic.

**Sketchfab ist eine Plattform**, auf der 3D-Modelle hochgeladen und geteilt werden können.

**Poly** ist ebenfalls eine Plattform, auf der 3D-Modelle hochgeladen und geteilt werden.

**Aframe ist ein webbasiertes Framework**, um VR Erlebnisse zu erstellen. Diese VR-Erlebnisse laufen dann auf der Oculus Rift, HTC Vive, Gear VR und im Browser.

### 3.3.4 Audio

**Der Ton macht die Musik!** Für die Gestaltung von VR-Erlebnissen ist dies nicht nur ein dahingesagter Spruch, denn der gezielte Einsatz von Audios bekommt für VR-Stories einen besonderen Stellenwert. Durch im Raum verteilte Audioinhalte können die VR-Erlebnisse noch wahrhaftiger erlebt werden. Die Geschichte kann über den Ton auch Aufmerksamkeit auf bestimmte Punkte erzeugen. Und so gibt es mittlerweile Programme, mit denen die Audiospuren speziell für VR-Geschichten angelegt werden können. In CGI-geprägten Geschichten werden diese Audiospuren zum Beispiel über Unity platziert. In 360°-Geschichten übernehmen das entweder Schnittprogramme oder Audioprogramme wie Avids ProTools HD.

## 3.3 Tools für die journalistische VR-Produktion

**Avids Pro Tools HD erlaubt einen 3D-Audio Workflow** mit der Facebook Spatial-Workstation, eine Software Suite, mit der räumlicher Sound gestaltet werden kann. 360°-Geschichten werden sowohl für Facebook, YouTube oder Plattformen wie Oculus optimiert. Das Soundfeld wird erstellt, besteht aus mehreren Audiospuren und ertönt je nach Blickrichtung des Nutzers.

### 3.3.5 Veröffentlichung

**Der letzte Schritt im VR-Workflow** ist natürlich die Veröffentlichung einer VR-Anwendung und hierfür gibt es mehrere Möglichkeiten, je nach Plattform und Zielgruppe.

**360°- und CGI-Anwendungen** können sowohl auf stationären als auch auf mobilen Endgeräten veröffentlicht werden. Es existiert ein sehr großes Feld an Distributionsplattformen – zum Teil mit sehr unterschiedlichen Anforderungen an die VR-Anwendung. Daher sollten sich Journalisten vor der Produktion bereits entscheiden, welche Veröffentlichungsplattform(en) sie bespielen wollen.

**Ein geeigneter Distributionsweg** muss im Anschluss an die Produktion gewählt werden, um das VR-Erlebnis der Zielgruppe zur Verfügung zu stellen. Die Distributionsstrategie muss daher ein zentraler Punkt in der VR-Konzeption sein. Die Distributionsstrategie hat direkte Auswirkungen auf die Produktionsweise. Denn: Ein VR-Erlebnis für stationäre Brillen hat ganz andere interaktive Möglichkeiten als VR-Erlebnisse für mobile VR-Brillen.

#### 3.3.5.1 Plattformen für stationäre Endgeräte

**VR-Anwendungen können mit stationären Endgeräte** wie der Oculus Rift oder der HTC Vive über VR-Plattformen genutzt werden. Diese Plattformen sind für diese Nutzungsform optimiert. Der Vorteil dieser Plattformen ist die ganz spezielle Anpassung der VR-Erlebnisse auf die jeweilige VR-Brillen-Technik – so können qualitativ besonders hochwertige VR-Stories mit Roomscale-Funktionalitäten über diese Plattformen veröffentlicht werden. Die Nachteile dieser Plattformgebundenheit liegen auf der Hand: das VR-Erlebnis funktioniert nicht automatisch auf anderen Plattformen und mit allen VR-Brillen und die geringe Marktpenetration verhindert das Erreichen des Massenpublikum – denn auch der Nutzer muss sich für eine VR-Brille und damit meist auch für eine Rezeptionsplattform entscheiden.

**Steam ist eine Plattform, die von HTC und Valve entwickelt wurde.** Die VR-Brille HTC-Vive wird über die Plattform gestartet und Besucher können gekaufte VR-Stories erleben. Das Menü kann direkt mit der HTC-Vive über die Controller benutzt werden.

**PlaystationVR ist die Plattform für alle VR-Inhalte,** die für die Playstation 4 optimiert sind und die ebenfalls mit Controllern in VR angesteuert werden kann. Die Hardware wird an die PlayStation 4 angeschlossen und kann dann für Spiele oder VR-Erlebnisse genutzt werden.

**VR-Erlebnisse mit der Oculus Rift** können über die Plattform Oculus Home erlebt werden. Auch hier ist es möglich, speziell für diese Plattform erstellte VR-Geschichten anzuschauen. Es gibt darüber hinaus auch die Möglichkeit, über Oculus Home einen Browser zu öffnen und so die VR-Anwendung zu schauen, die für mobile Nutzungen produziert wurden (zum Beispiel auf YouTube). Oculus Home kann auch mit der Samsung Gear VR genutzt werden und ist somit eine Plattform für stationäre als auch für mobile Endgeräte. Allerdings sei darauf hingewiesen, dass Roomscale Erlebnisse, in denen der Besucher sich also auch aktiv bewegen kann, natürlich immer nur mit einem stationären Headset genutzt werden können.

### 3.3.5.2 Plattformen für mobile Endgeräte

Neben Oculus Home, das als Plattform auch für die Samsung Gear VR dient, gibt es weitere Plattformen, die für mobile Erlebnisse interessant sind. Generell ist hier die Wahrscheinlichkeit höher, dass eine VR-Geschichte auch die Massen erreicht, weil deutlich weniger Hardware und damit ein deutlich geringerer Kostenaufwand auf Seiten des Nutzers erforderlich ist. Der Nachteil dabei ist, dass Roomscale -Anwendungen damit nicht erlebbar sind.

**Die YouTube-App auf Android und iOS erlaubt es Nutzern**, 360°-Stories über mobile Endgeräte zu erleben. YouTube erkennt 360°-Inhalte und weist ein VR-Symbol aus. Wenn der Nutzer nicht daraufklickt, kann das immersive Video im so-genannten „Magic-Window" angeschaut werden. Das „magische Fenster" ermöglicht dem Nutzer, 360°-Inhalte auch ohne ein VR-Headset zu schauen. Dabei handelt es sich um eine Technik, bei der die VR-Anwendung eine monoskopische Ansicht der 3D-Szenen wiedergibt, die auf der Grundlage des Orientierungssensors des Geräts aktualisiert wird. Auf diese Weise fungiert der Bildschirm des Geräts als ein (scheinbar magisches) „Fenster". Alternativ kann der Nutzer auf das Symbol

## 3.3 Tools für die journalistische VR-Produktion 117

klicken, dann werden zwei Videofenster angeschaut, die wie bei einer stationären VR-Brille mit einem Cardboard gesehen werden können.

**Auch Facebook bietet an, 360°-Videos hochzuladen.** Diese werden dann in der Timeline angezeigt und können ebenfalls im Magic-Windows-Modus über die mobile Facebook-App angesehen werden.

**Auf Vimeo haben die Journalisten die Möglichkeit,** 360°-Inhalte nicht nur hochzuladen, sondern diese Inhalte auch zu verkaufen.

**Es gibt weitere Plattformen, die speziell für mobile Endgeräte optimiert sind.** So beispielsweise auch die Apps, die bereits im Kapitel Schnitt besprochen wurden, wie die VeeR-App. Sobald 360°-Inhalte dort hochgeladen werden, können sie über mobile Endgeräte angeschaut werden. Auch 360°-Inhalte, die auf Fader hochgeladen werden, können über einen Browser mobil gesehen werden.

**Der einfachste Distributionsweg für 360°-Inhalte ist ein All-In-One Workflow.** Dabei nimmt der Journalist ein Bild oder Video mit einer Prosumer-VR-Kamera als 360°-Format auf und lädt es über eine mobile App einfach auf die Plattform eines sozialen Netzwerkes wie Facebook hoch. Ein Klick genügt und der journalistische 360°-Inhalt kann mit dem Publikum geteilt werden. Facebook erkennt über die Metadaten, ob es ein 360°-Bild ist und kann es dann dementsprechend in der Facebook-Timeline ausprägen.

**Soziale Netzwerke wie Facebook** haben dabei den Vorteil, die 360°-Inhalte genau dort zu platzieren, wo ein großer Teil des Publikums bereits ist. Sowohl 360°-Videos als auch 360°-Fotos können innerhalb der Plattform einfach weitergeleitet, geteilt und geliked werden. Darüber hinaus kann eine Anschlusskommunikation stattfinden, in der bei Bedarf auch Feedback vom Produzenten eingeholt werden kann. Facebook bietet mittlerweile sogar Heatmaps in seinem Analysetool an. Das bedeutet, der Produzent sieht, auf welche Punkte die Nutzer in der 360°-Sphäre tatsächlich geschaut haben. Twitter ist ein weiteres Soziales Netzwerk, auf dessen Plattform 360°-Inhalte geteilt werden können. Über Periscope gibt es sogar die Möglichkeit, 360°-Filme in Echtzeit zu teilen, so dass zum Beispiel Konferenzen live verfolgt werden können. Auch hier besteht die Möglichkeit zur Anschlusskommunikation mit dem Publikum.

**Videoplattformen wie YouTube oder Vimeo** bieten die Möglichkeit, 360°-Videos hochzuladen. Diese Videos können geteilt oder auf anderen Webseiten eingebettet werden.

**Die Post-Produktion fällt allerdings** bei diesem schnellen und einfachen All-In-One Workflow weg. Dazu gehören beispielsweise das Stitching und der Schnitt von mehreren 360°-Medien. Eine entsprechende Nachbereitung verbessert unter Umständen die Qualität des 360°-Materials. Es existieren viele unterschiedliche Softwareprodukte für die Post-Produktion. Die Auswahl der passenden Software sollte sich an dem Ziel und der Zielgruppe der VR-Publikation orientieren. Viele Redaktionen arbeiten beim Stitching zum Beispiel mit AutoPano von Kolor und im Schnitt von 360°-Videos mit Adobe Premiere. Sogenannte Plugins wie Mettle[178] erleichtern die Post-Produktion.

**360°-Videos in WebVR zu zeigen, bedeutet,** dass die VR-Erlebnisse direkt im Browsern – wie Chrome, Safari oder Firefox – auf stationären und mobilen Endgeräten gesehen werden können. WebVR ist damit geräteunabhängig und hat eine sehr hohe potenzielle Reichweite. Zusätzlich können interaktive Elemente in WebVR-Erlebnissen integriert werden. Beispielsweise können in interaktiven VR-Erlebnissen Hotspots gesetzt werden, die dann mit Controllern oder mit dem Blick („gaze-based") getriggert werden können. Fader[179] ist ein Produkt für VR-Journalisten, das es erlaubt 360°-Geschichten via WebVR sehr schnell und sehr einfach zu produzieren und zu publizieren.

---

178 Mettle, 2017
179 Fader, 2018, Disclosure: Linda Rath-Wiggins ist Gründerin des VR Startups Vragments. Vragments baut das VR-Produkt Fader.

# Das Berufsbild: VR-Journalist

4

### Zusammenfassung

Waren die Veränderungen der vergangenen Jahre vielfach in der Technologie und den Distributionswegen zu sehen, stellt der VR-Journalismus zusätzliche Anforderungen an die Erzählkunst, Vorstellungskraft und Denkweise des Journalisten. Was genau ist die Position als VR-Journalist? Welche Fertigkeiten und Fähigkeiten sind hilfreich? Wie können diese erlangt werden? Dieses Kapitel widmet sich diesem neuen Berufsbild und dem noch weitestgehend unerschlossenen Markt der Aus- und Fortbildung im VR-Journalismus und zeigt Lerninhalte auf. Dazu gehört auch die kritische Betrachtung, welche Verantwortung der VR-Journalist in diesem immersiven Medium hat.

### Schlüsselbegriffe

VR-Journalist, Berufsbild, Ethik, Arbeitsfelder, Qualifikation, Ausbildung

## 4.1 Der VR-Journalist

**Mit dem Wandel von analogen zu digitalen Medien** ist der Journalismus der Disruption, also einem innovativen Verdrängungsmechanismus, ausgesetzt. Herausgekommen sind in den letzten Jahren unter anderem neue redaktionelle Workflows, Distributionsplattformen und Technologien. Die digitale Transformation stellt die Medienunternehmen und Journalisten daher vor immer neue Herausforderungen – sie verändert auch das Berufsbild des Journalisten, denn sie müssen sich mit diesen fortwährenden Veränderungen auseinandersetzen.

*„Nimm eine günstige Kamera, geh einfach raus und mach es,"* so der Appell von Nathan Griffith, heute VR-Producer bei der New York Times (Griffith 2017). Als er als „Interactive Editor" bei Associated Press (AP) arbeitete, begleitete er ein globales Pilotprojekt mit dem Ziel, VR-Journalisten weltweit auszubilden. Da es für AP keinen Sinn machte, ein VR-Team weltweit reisen zu lassen, stattete AP einige ihrer Korrespondenten mit VR-Kameras aus. Regionale Koordinatoren übernahmen das Handling und den Workflow. Die Reporter bekamen neben einem PowerPoint-Lernset eine VR-Trainingseinheit und probierten dann das neue Medium aus. So konnten 360°-News-Videos bei AP weltweit produziert werden. Nach ein paar Monaten konnte AP feststellen, dass 360°-Videos von vielen Nutzern angesehen und geteilt wurden.

**Reporter redaktionsintern zu qualifizieren** und die Erfahrungen untereinander auszutauschen ist der Weg, den auch euronews geht.[180] Allein zwischen Mai und Juli 2017 veröffentlichte der Sender über 110 VR-Videos – das Ergebnis einer unternehmensweiten Anstrengung unter der Leitung von Thomas Seymat, Leiter Immersive Journalism bei euronews.

**Es ist die Zeit des Ausprobierens.** Festgelegte Standards sind noch nicht vorhanden und werden durch die Projekterfahrungen der VR-Journalisten und Medienhäuser sowie den technologischen Entwicklungen geprägt. *„Stell' keine Regeln auf, ohne vorab Erfahrungen zu sammeln",* das gibt Louis Jebb, Gründer und Geschäftsführer von immersiv.ly, zu bedenken.[181] Dies gilt auch für Fortbildungen in diesem Sektor: Sie sind noch nicht etabliert, meist noch gar nicht vorhanden. Viele Journalisten sehen aber das Zukunftspotenzial und investieren selbst in Know-how und Technik.

---

180 Seymat, 2017
181 Jebb, 2017

*"2016 nahm ich mir eine 360°-Kamera und sprang ins kalte Wasser"*[182], sagt Shaheryar Popalzai, Digitaler Journalist aus Pakistan, der sich als ICFJ Knight Stipendiat und Journalist für The Express Tribune, The News International in Pakistan und die New York Times im Bereich VR selbst weiterbildete.

*"Für Journalisten entstehen neue Know-how-Felder"*[183], meint Joachim Dreykluft, Online-Chefredakteur bei der sh:z. Das spiegeln auch die Stellenprofile wieder, die Dreykluft für das 2018 ins Leben gerufene Lab mit dem Namen „Redaktion Forschung und Entwicklung" ausgeschrieben hat und in dem auch VR erprobt werden soll: Product Owner/Scout, Digital-Experten und Designer. *„Wir suchen Menschen, die bereit sind, das Alte hinter sich zu lassen und die Welt um sich herum sowie sich selbst neu zu erfinden"*, heißt es in der Stellenausschreibung. *„Der Journalist ist es gewohnt, Gefäße zu füllen,"* sagt Dreykluft, *„nun müssen auch die neuen Gefäße entwickelt werden."*[184]

## 4.2 Verantwortung des VR-Journalisten

**Die Position des Journalisten** folgt im VR-Journalismus einer grundlegend anderen Haltung als in traditionellen Medien. Der Nutzer steigt in die Schuhe des Reporters und erlebt die Story. Er ist präsent und kann agieren. Der Journalist eröffnet und kreiert eine Erlebniswelt für den Nutzer. Er muss sich daher komplett in den Nutzer hineinversetzen und seine Geschichte in ihren Facetten danach ausrichten. Der Reporter kann dabei nicht mehr komplett vorherbestimmen, was genau der Nutzer in welcher Abfolge erleben wird. Er gibt einen Teil der Kontrolle über seine eigene Geschichte damit auf. Der Journalist wird zum zentralen Punkt der Kontextualisierung.[185]

**Der VR-Journalist hat eine besondere Verantwortung** gegenüber dem Nutzer zu. Neben der klassischen Sorgfaltspflicht des Journalisten, die für alle Formen des Journalismus gilt, greifen im VR-Journalismus noch einige medienspezifische Besonderheiten. Denn: immersives Storytelling nutzt die menschliche Wahrnehmung, um die Nutzer direkt in die Szenen zu teleportieren.

---

182 Popalzai, 2017
183 Dreykluft, 2017
184 Dreykluft, 2018
185 Nakagawa, 2017

**Die Gewissenhaftigkeit des VR-Journalisten** ist insbesondere in diesen Bereichen gefragt:
- **Psychische Auswirkungen** – wer Nutzer in eine VR-Anwendung teleprotiert, muss sich darüber bewusst sein, dass das eigene Erleben nachhaltige Wirkungen auf das Gehirn und Einfluss auf die Wahrnehmung und Rezeption des Erlebten hat. Nutzer behalten 60 Prozent mehr von dem, was sie selber tun, als beispielsweise von dem, was sie nur sehen. Robert Hernandez, Professor für Digitalen Journalismus an der USC Annenberg School for Communication and Journalism in Los Angeles, USA, wird zitiert, dass VR-Erlebnisse negative Erinnerungen und Traumata erzeugen können. Daher sollten sich Journalisten seiner Meinung nach die Frage stellen, was ihre Aufgabe ist und wann es im Sinne der Informationsvermittlung ist, Nutzer durch immersives Storytelling, auch nachzuerleben was ein Flüchtlingskind erlebt.
- **Wahrhaftigkeit** – ein wesentlicher Vorteil des Mediums VR ist es, dass der Journalist in der Lage ist, dem Nutzer einen Rundumblick zu bieten, den der Nutzer weitgehend selbstbestimmt erleben kann. Dieser Vorteil birgt allerdings auch die Gefahr, dass der Nutzer nach dem immersiven Erleben davon ausgeht, er habe die gesamte Situation erfasst, obwohl auch ein 360°-Video, eine volumetrische VR-Anwendung immer nur einen Teil der Realität abbilden und dem Nutzer näherbringen kann. Die fachliche Einordnung und Orientierung für den Nutzer zu leisten, ist dabei Aufgabe des Journalisten.
- **Überforderung des Nutzers** – dem Nutzer stehen alle Möglichkeiten in einer dreidimensionalen Umgebung offen. Er braucht Zeit, um die Navigationsstruktur und Themen zu erkennen und sich mit der Situation vertraut zu machen. Schnelle Schnitte, rasantes Storytelling oder Aktionen in der „no-no-Zone" (siehe Alger) sollten deshalb vermieden werden oder zielbewusst eingesetzt werden. Auch das Erklären der neuen Technik bevor der Nutzer in das VR-Erlebnis eintritt kann den Nutzer vor Überforderungssituationen bewahren.
- **Nutzerführung** – Audio und Dramaturgie haben einen unmittelbaren Effekt auf den Nutzer – sie können den Nutzer durch die VR-Anwendung begleiten und sein immersives Erleben positiv beeinflussen, sie können ihn aber auch verschrecken oder irritieren. Der Journalist muss sich fragen, was er seinem Nutzer zumuten kann.
- **Motion-Sickness** – der Journalist sollte alle technischen Möglichkeiten zur Vermeidung von Übelkeit beim Nutzer kennen und verantwortungsbewusst einsetzen, damit diese vermieden wird.

- **PoV** -- Die Entscheidung aus welcher Perspektive, welchem Point of View (PoV), der Nutzer in der VR-Story teilnimmt ist eine der zentralen Entscheidungen und muss auch vor dem Hintergrund getroffen werden, welcher Inhalt, welche Information der Nutzer am Ende aus der VR-Anwendung mitnehmen soll. Es ist ein Unterschied eine Demonstration aus der Mitte einer aggressiven Gruppe zu erleben oder vom Straßenrand. Der Journalist entscheidet, ob der Nutzer die VR-Geschichte aus der 1. Person oder Ichform heraus erlebt, also als einen spezifischen Charakter der VR-Story oder in der 3. Person, die eine objektivere, losgelöstere Perspektive ermöglicht.
- **Embodiment** – diese besondere Form des virtuellen Erlebens versetzt den Nutzer in den Körper eines anderen Menschen oder eines Tiers oder in ein Objekt, zum Beispiel eine Krebszelle. Die ethische Verantwortung des Journalisten ist in diesem Bereich besonders gefragt. Denn: In einem anderen Körper zu stecken bedeutet, dieser Körper zu sein.
- **Inszenierung** – die Vermischung von Realität mit computergenerierter Virtualität fordert von den Produzenten eine besondere Sorgfalt. Die Gefahr der Inszenierung als Scheinwelt besteht. Es obliegt dem Journalisten dem Nutzer mit Transparenz über die Machart und die eingesetzten Mittel gegenüberzutreten, damit der Nutzer im bestgemeinten Sinne, die journalistischen Informationen so realistisch nachempfinden kann wie möglich. Dies beginnt bereits bei der Frage, ob die Kamera und der Journalist zu sehen sein sollten, oder ob ein Wegretouschieren der korrekten Berichterstattung entgegenwirkt.

**Einige Medienunternehmen bieten den Nutzern die Möglichkeit,** dem Produzenten eine Rückmeldung auf die VR-Geschichte zu geben. Daraus können wertvolle Erkenntnisse für das in der Wirkung auf Menschen noch neue Medium gewonnen werden.

## 4.3 Fähigkeiten und Fertigkeiten

*„Ich denke, dass sich VR-Technologien auf das Berufsbild des Journalisten auswirken",* sagt Prof. Klaus Meier, Universität Eichstätt, *„da diese Technologien daraufsetzen, die Nutzer mitten ins Geschehen zu ziehen, wird die intensive Recherche vor Ort für*

*Journalisten bedeutender, die Stories auf diese Art und Weise erzählen möchten".*[186] VR-Journalisten müssten die Orte, Schauplätze und Protagonisten der Geschichten genau kennen; eine Online-, Desk- oder Telefon-Recherche reiche in VR nicht aus. Meier betont, dass bei vielen Geschichten die Vor-Ort-Recherche sogar noch wichtiger sei als bei klassischen TV-Formaten.

**Die narrative Struktur** erfordert deshalb ein Umdenken vom Journalisten. *„VR ist kein Medium, VR ist ein Evolutionsschritt"*, sagt Martin Heller, Leiter Video Innovationen bei Welt/n24 und Gründer von IntoVR.

**Das sphärische Erleben des Nutzers erfordert ein sphärisches Denken** des Journalisten in nicht linearen Strukturen. Haben Journalisten durch Einführung des Online-Journalismus schon gelernt in Hyperlinkstrukturen zu denken und ihre Story zu erzählen, müssen sie nun eine komplexere Struktur schaffen. Denn: der Nutzer entscheidet in welche Richtung er wann sehen will und in volumetrischen Produktionen auch wohin er wann gehen und was er machen will. Auch die Vorstellungskraft und Denkweise des Journalisten müssen sich dahingehend verändern.

**Die Technikanforderungen verändern das Berufsfeld des Journalisten ebenfalls.** Kaum ein Journalist kann jeden Schritt von der VR-Konzeption über die VR-Produktion bis hin zur Distribution und Vermarktung von VR-Publikationen allein beherrschen, wenngleich er sie kennen sollte. VR-Journalismus ist Teamjournalismus. Dennoch steigt die Anforderung an den Journalisten auch Teile der VR-Technik und einige der VR-Tools zu können. So sollte ein VR-Journalist technisch in der Lage sein, beispielsweise ein 360°-Video zu drehen, zu stitchen und zu veröffentlichen. In der sich rasant verändernden VR-Technik und ihren Tools ist auch die Eigenschaft, sich schnell neue Informationen und Tools anzueignen gefragt – eine kontinuierliche Weiterbildung und Beschäftigung mit der technischen Entwicklung ist unerlässlich.

**Die gute Nachricht:** Das Wissen aus traditionellen Medienbereichen ist auch im VR-Journalismus nützlich. So sind Kenntnisse im TV-und Radio-Journalismus eine gute Grundlage, um das bild- und audiodominierte Medium VR zu verstehen. Joachim Dreykluft, Leiter Digitales Entwicklungslabor von NOZ Medien und mh:n Medien in Hamburg, Chefredakteur der Nachrichtenwebseite shz.de, hat bei seinen Auswahlgesprächen die Beobachtung gemacht, dass sich Journalisten freuen, neue Wege gehen zu können, Begrenzungen und leidvolle Erfahrungen aus den

---

186 Prof. Meier, 2017

klassischen Medien zu vergessen. Die Herausforderung sei es, sich das benötigte Wissen aktuell zu verschaffen und offen für Ideen zu sein.[187]

> **Das sollten VR-Journalisten kennen:**
> - Die Position des Journalisten in der VR-Story
> - Medienethische Aspekte von VR
> - Urheber- und Persönlichkeitsrechte
> - Nutzerverhalten und Konsumententechnik
> - VR-Planung und Storyboarding
> - Storytelling in VR: das Wegfallen von Frames beachten, Erzählstrukturen neu denken, Bildkomposition
> - VR-Produktion:
>   - Unterschied zwischen 360° und CGI
>   - Storyboard mit sphärischem Denken kombinieren
> - Post-VR-Produktion:
>   - Spatial Audio
>   - VR-Schnitt
>   - Verschiedene Software für die Postproduktion in VR
> - VR-Publikation: Distributionsformen
>   - Unterschiedliche Distributionsplattformen und die verschiedenen Brillen haben Einfluss darauf, was in der VR-Geschichte möglich ist
>   - Verschiedene Distributionsformen haben momentan grundlegenden Einfluss auf die potenzielle Reichweite

## 4.4 Tätigkeiten und Arbeitsfelder

Neben den journalistischen Tätigkeiten, die Journalisten in allen Medienformen zu beherrschen und zu leisten haben, kommen im VR-Journalismus medienspezifische Aufgaben hinzu. Diese werden gemeinschaftlich mit den (technischen) Experten umgesetzt. Dies erfordert eine hohe Managementkompetenz von VR-Journalisten, die als Projektleiter für ihre Story fungieren und die unterschiedlichen Beteiligten mit den entsprechenden Workflows koordinieren müssen.

---

187 Dreykluft, 2017

**Eine planvolle und abgestimmte Kommunikation** ist entscheidend. Auch ist das VR-Team von traditionellen Teams zu unterscheiden: VR-Techniker, 3D-Designer und gegebenenfalls Programmierer arbeiten auf Augenhöhe mit dem VR-Journalisten. Projektmanagement und, abhängig von der Machart und Fallhöhe der VR-Story, auch das Distributionsmanagement sind umfangreich und bedürfen einer Fachexpertise, die in großen Medienhäusern durch die entsprechende Abteilung abgedeckt wird – vom VR-Journalisten aber verstanden und koordiniert werden muss.

> **Die Aufgaben des VR-Journalisten** lassen sich in drei Tätigkeitsbereiche einteilen:
> - Journalistisches Handwerk: Themenfindung, (Online-)Recherche, Redigieren, Verifizieren, Dokumentieren
> - Medienspezifische Tätigkeiten: VR-Konzeption, VR-Storytelling, VR-Produktion, VR-Publikation
> - Redaktionelles Management: journalistisches Projektmanagement, Kommunikation bereichsübergreifend

**VR-Journalismus ist eine Gemeinschaftsarbeit.** Natürlich kann ein einzelner VR-Journalist 360°-Videos produzieren, jedoch stößt ein Einzelner sowohl in der (Pre-) Produktion als auch in der Post-Produktion an Machbarkeitsgrenzen. Im Team können unterschiedliche Fähigkeiten zusammenkommen und die Publikation qualitativ steigern und manche Produktionen erst ermöglichen. „*Wir nennen es Teamjournalismus*", sagt Volker Matthies, einer der Gründer des netzwerk medien-trainer.[188] „*Das Fundament des Teamjournalismus bilden gegenseitiges Vertrauen, Respekt vor den Fähigkeiten des Anderen, die Bereitschaft zu teilen und der Glaube daran, gemeinsam stärker zu sein, als jeder für sich.*" Matthies ist überzeugt, dass Journalisten lernen sollten, sich selbst ein Stück zurückzunehmen, zuzuhören und das technische, gestalterische sowie dramaturgische Know-how Anderer in das eigene Storytelling zu integrieren. „*Insofern sind VR-Projekte eine Fortsetzung von digitalen Storytelling-Projekten*", meint Matthies. „*Wesentlich für den Erfolg ist, dass – gerade in größeren Medienunternehmen – der Wille, im Team zu arbeiten, auch strukturell gestützt wird. Die Realität sieht leider zu oft noch so aus, dass aus der Linie heraus Eigeninteressen verfolgt werden, die den Teamjournalismus brem-*

---

188 Disclosure: Autorin Manuela Feyder ist neben Volker Matthies Gründerin des netzwerk medien-trainer.

## 4.4 Tätigkeiten und Arbeitsfelder

sen."[189] Bei volumetrischen Produktionen ist es aufgrund der unterschiedlichen Kompetenzen noch unwahrscheinlicher, dass ein VR-Journalist alle benötigten Fähigkeiten und Fertigkeiten vereint und diese auch in allen Produktionssituationen alleine umsetzen kann. Daher ist es essentiell, bereits die Themenfindung im Team zu besprechen und zu entscheiden. Abhängig von der Komplexität der geplanten Produktion kann das Team aus Journalisten, Entwickler, Designer und Technikern bestehen. Spätestens bei der VR-Konzeption kommen alle zusammen, die an der Entstehung der VR-Publikation beteiligt sein werden. Das Schaubild (S. Abb. 76) hier zeigt den beispielhaften Workflow.

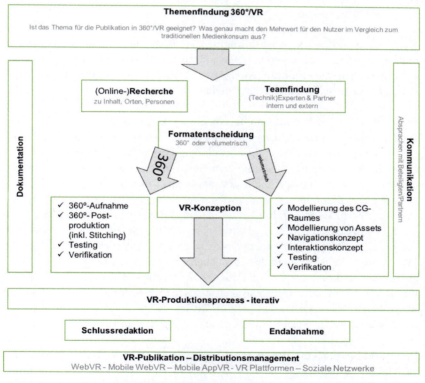

**Abb. 76** Arbeitsfelder und Tätigkeiten des VR-Journalisten.
Quelle: Manuela Feyder, Linda Rath-Wiggins

---

189 Matthies, 2017

**Kollaboration von Medienunternehmen untereinander** können bei der Teamfindung und Umsetzung bedacht werden. Mittlerweile unterstützen auch Produktions- und Technologieunternehmen mit technischem Know-how und finanzielle Ressourcen die Entwicklung von VR-Produktionen. Beispielsweise fördert das Google News Lab im Rahmen ihrer Digital News Initiative auch VR-Produktionen.

**Es entstehen Plattformen für Zusammenarbeit und Wissenstransfer** wie die US-amerikanische Inititiative „Journalism360", die auf medium.com publiziert oder die internationale Plattform „Viewpoint"[190], auf der sich Macher, Medienunternehmen, Denker und Entwickler sowie Technologieunternehmen treffen, um sich auszutauschen, voneinander zu lernen und gemeinsam Projekte in zukunftsweisenden Technologien wie VR umzusetzen.

**Die VR-journalistische Ausbildung unterscheidet** sich wesentlich von der in anderen journalistischen Bereich. Das sind vor allem die spezifischen technischen Anforderungen, die Produktionsweise (wie das Stitching) und die Art, die Publikation vom Nutzer her ganzräumig zu denken.

**Journalistische VR-Produktion iterativ zu organisieren**, ist eine effiziente Möglichkeit, nah an den Nutzerinteressen, den Projektzielen und Teamarbeit zu arbeiten. Der iterative Produktionsprozess ist im Bereich der Softwareentwicklung bereits etabliert und verbreitet. Medienunternehmen machen sich diese Erkenntnisse auch bei anderen Projekten und Innovationsprozessen wie dem Design Thinking zu eigen. Die Besonderheit ist die wiederholte Durchführung eines Vorganges und die Überprüfung auf die Funktionalität und Zielgerichtetheit. Diese Form des Projektmanagements ermöglicht es gerade bei komplexen VR-Produktionen Ergebnisse zu überprüfen, sie anzupassen und auf neue Anforderungen zu reagieren. Das iterative Vorgehen kann das Team auch davor bewahren, die Story komplett fertig produziert zu haben und am Ende erst zu bemerken, dass ein Schritt fehlerhaft war. Bei den doch ressourcen- und geldintensiven VR-Produktionen durchaus ein wesentlicher Faktor. Fortbildungen zum VR-Journalist sollten praxisnah sein und durch konkrete Projektarbeit dieses iterative Vorgehen üben.

**Der Markt für VR-Journalisten ist abhängig von** der technologischen Entwicklung auch im Endgerätebereich und der Marktdurchdringung. Wie in diesem Buch ausgeführt, ist in 2017/2018 und gewiss auch noch in 2019 die Zeit des Ausprobierens.

---

190 Viewpoint VR 2018 vom netzwerk medien-trainer gegründet. Disclosure: Autorin Manuela Feyder ist Gründerin des netzwerk medien-trainer.

Daher gehören Medienunternehmen, die bereits in Film und Ton etabliert sind und Kapital in Innovationsfelder einsetzen können oder müssen, wie Rundfunkanstalten und große Verlage. Sie benötigen das fachspezifische Know-how und die Leistungsträger für das Medium VR. Da bislang keine geregelte Ausbildung zum VR-Journalisten existiert und auch die Fortbildungen rar sind, bilden Medienhäuser wie oben geschildert ihre Mitarbeiter selbst weiter. VR-Journalisten sind also bei diesen Medienhäusern gesucht.

**Weitere Geschäftsfelder für VR-Journalisten** sieht der Deutsche Journalisten-Verband (DJV) auch bei Produktionsfirmen, Online-Portalen und VR-Plattformen.[191] Das Gründen einer eigenen Produktionsfirma sei auch als Arbeitsfeld für Freiberufler zu sehen, allerdings müssten die Investitionskosten beachtet werden, so der DJV.

**VR hat für Journalisten in Presse- und Öffentlichkeitsarbeit** bereits einen anderen Stellenwert als für Journalisten, die in traditionellen Medien arbeiten. Denn: Unternehmen investieren bereits in einem höheren Maße in VR. Der Corporate Publishing-Sektor ermöglicht es somit VR-Journalisten ein weiteres Arbeitsfeld.

## 4.5  Aus- und Fortbildungsmöglichkeiten

Bislang ist der Markt der Aus- und Fortbildungen zum VR-Journalist in Deutschland sehr überschaubar. Daher versuchen Medienunternehmen das Know-how intern aufzubauen. Einige Journalistenschulen wie die Akademie für Publizistik[192] in Hamburg oder die ARD.ZDF.medienakademie[193] bieten 1–2 Tageskurse an, die einen Einblick in die Produktion von 360°-Videos geben und einen ersten Eindruck, was VR noch leisten kann. Hands-on ist die modular aufgebaute Masterclass des netzwerk medien-trainers. Abhängig von den Vorkenntnissen stellt sich der Journalist das Programm selbst zusammen und beendet die Masterclass mit der Präsentation eines VR-Prototypen[194].[195]

---

191 Hirschler, 2016
192 Akademie für Publizistik, 2018
193 ARD.ZDF medienakademie, 2018
194 netzwerk medien-trainer, 2018
195 Disclosure: Autorin Manuela Feyder ist Mit-Gründerin des netzwerk medien-trainers und Linda-Rath-Wiggins ist Trainerin im Workshop.

In den USA beschäftigen sich viele Universitäten mit VR-Journalismus und integrieren das Feld in ihre Lehrpläne. Darüber hinaus bieten sie zusätzlich offen zugängliche Workshops an. Hier seien drei beispielhaft genannt: Stanford University[196], UC Berkeley Graduate School of Journalism[197] und die Reynolds Journalism Institute at School of Journalism University of Missouri[198].

**Lerninhalte für Journalisten**
- Grundlagen zu Virtueller Realität
- Terminologie und Formen
- Journalistische Anwendungsfelder und Beispiele
- VR-Nutzer
- VR-Technik
- VR-Tools
- Ethische und rechtliche Prinzipien
- VR-Journalismus im Team
- Praktische Umsetzung – von der Idee bis zur Publikation

**Online-Expertengespräche und Vorträge vermitteln VR-Kenntnisse** und laden ein, mit den Experten in den Austausch zu gehen. YouTube ist die Plattform, auf der sowohl Expertengespräche[199] als auch beispielsweise in *„TED-Talks"*[200] Experten ihre Ideen und Erfahrungen präsentieren. YouTube selbst trainiert Nutzer online in seiner *„Creators Academy"*.[201]

---

196 Zacharia and Migielicz, 2016
197 UC Berkeley, 2018
198 Hughes, Parkins and Li 201, Disclosure: Linda Rath-Wiggins' Unternehmen Vragments ist an einer Partnerschaft mit der Universität beteiligt.
199 Beispiel für eine Expertendiskussion zu VR; https://www.youtube.com/watch?v=7gQZSXdZDyo&feature=player_embedded
200 Nonny de la Peña im TED-Talk; https://www.youtube.com/watch?v=zsLz0mRmEG0
201 YouTube Creator-Academy; https://creatoracademy.youtube.com/page/course/360video?hl=de

4.5 Aus- und Fortbildungsmöglichkeiten

**In Eigenregie entstehen Tutorials**, die im Internet kostenfrei zur Verfügung gestellt werden – wie das Tutorial von Shaheryar Popalzai, Journalist aus Pakistan (Auszüge)[202]:

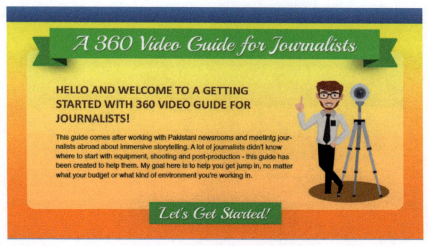

**Abb. 77** Screenshot eines Tutorials „A 360 Guide for Journalists"
Quelle: Shaheryar Popalzai

**Hier im Buch** werden mit Stand März 2018 nur einige Beispiele für Aus- und Fortbildungsmöglichkeiten genannt, da der Markt sich ständig verändert. Daher gibt es ergänzend zu diesem Buch eine Internetseite unter www.vr-journalismus.info, auf der die Autorinnen zusätzliche und aktuelle Informationen zusammenstellen. Fehlt Ihr Angebot? Dann mailen Sie uns! Die Autorinnen freuen sich über Hinweise über Aus- und Fortbildungen, die in diese Übersicht aufgenommen werden sollten – unter feyder@netzwerk-medien-trainer.de und linda@vragments.com.

---

202 Das komplette Tutorial: Autor Shaheryar Popalzai, Pakistan; „A 360 Video Guide for Journalists"; http://www.360videoguide.com/

# Fachbegriffe

- **API**: Abkürzung für „Application Programming Interface"; es bezeichnet die Programmierschnittstelle.
- **App**: Applikation
- **Augmented Reality (AR)**: deutsch 'Erweiterte Realität'; die computergestützte Anreicherung der realen Welt, durch Zusatzinformationen. Diese Erweiterung kann auf unterschiedliche Arten geschehen – durch Text, Fotos, Videos, Grafiken, GPS Daten, virtuelle (3D-)Objekte. Die Produktionen sind nicht ausschließlich für die Betrachtung mit Computern, sondern auch für ein Erleben auf mobilen Endgeräten ausgerichtet. Der Nutzer verbindet in AR die reale mit der computergestützten, zwei- oder dreidimensionalen Realität in Echtzeit, ohne dass die computergenerierten Objekte mit ihm in eine Interaktion gehen. Das Einsatzgebiet von AR ist prinzipiell in jedem Bereich des Alltags denkbar. Populär wurde AR durch das Spiel 'Pokémon Go', das im Sommer 2016 auf den Markt kam. Journalistisch wird AR u. a. in der Sportberichterstattung eingesetzt.
- **Authoring-Tool**: Software zur Erstellung von digitalen Inhalten
- **Avatar**: virtuelle Kunstfigur
- **Binaurale Tonaufnahmen**: Diese Form der Tonaufnahme mit Schallsignalen ermöglicht beim Hören über Kopfhörer einen natürlichen Höreindruck, bei dem die Richtung, aus der der Ton kommt, genau lokalisiert werden kann.
- **Cardboard**: ->VR-Brille, also eine Halterung aus Karton, in die ein Smartphone als Übertragungsgerät für (nicht ->volumetrische) VR-Anwendungen eingesetzt werden kann. Es hat zusätzlich zwei Sammellinsen und wurde 2014 von Google erfunden.
- **Client**: Computer des Nutzers
- **Close-up Aufnahme**: Nahaufnahme

- **Computer Generated Imagery (CGI)**: computergenerierte Bilder
- **Content Management System (CMS)**: Software, mit der Inhalte erstellt, verarbeitet und verwaltet werden.
- **Controller**: Gerät, um in der virtuellen Anwendung zu navigieren und interagieren.
- **Cut-away Aufnahme**: Motivwechsel in einer Szene
- **Disembodiment**: Entkörperlichung; Entkörperlichung und Dematerialisierung werden im Allgemeinen als intrinsische Folgen digitaler Medien angesehen, weil die implizite Immaterialität digitaler Informationen und die Interaktion des Nutzers mit den Medien von der instinktiven körperlichen Authentizität entfremdet oder entfremdet ist.[203]
- **Equirektangulare Projektion**: abstandstreue Zylinderprojektion
- **3D**: dreidimensional
- **3D-Scanner**: Sammelt Datenpunkte eines in der Realität befindlichen Objektes und transferiert diese mit Hilfe eines Computerprogramms in ein dreidimensionales Objekt in der virtuellen Realität.
- **360-Grad-Anwendung**: 360°- Bilder und/oder -Videos die es dem Nutzer erlauben, sich eigenständig in alle Richtungen (360 Grad) umzuschauen.
- **360-Grad-Kamera**: Omnidirektionale Kamera, die Bilder/Videos in einem Radius von 360 Grad horizontal als auch vertikal aufnimmt.
- **(Game-) Engine**: ein spezielles -> Framework, das für Computerspiele oder auch VR-Anwendungen genutzt wird und die visuelle Darstellung ermöglicht und den Verlauf steuert. -> Unity und ->Unreal sind Game-Engines, die auch bei der Erstellung journalistischer VR-Inhalte genutzt werden.
- **Feature**: Bestandteil einer Software
- **Field of View (FoV)**: Sichtfeld
- **First-Person-PoV**: ->Point of View (PoV); beschreibt die Perspektive, aus der die Geschichte erzählt wird. Das bedeutet, dass der Erzähler ein Charakter innerhalb der Geschichte ist und die Ereignisse aus seiner Sicht beschreibt.
- **FOMO – The Fear of Missing out**: Wenn der Blick oder die Aufmerksamkeit des Nutzers nicht geleitet wird, versucht er alles mitzunehmen/wahrzunehmen – aus der Angst, etwas zu verpassen.
- **Framework**: Programmiergerüst

---

203 https://digitalculturist.com/how-tangible-is-cyberspace-dce550c52248

- **Head Mounted Display (HMD)**: Auch als ->VR-Brille oder VR-Headset bekannt. Darunter versteht man ein Ausgabegerät, das auf dem Kopf getragen wird und computergenerierte Inhalte visuell wiedergeben kann.
- **Heatmap**: Darstellungsform die Daten visualisiert; hier: Blickpunkte und Verweildauern des Blickes eines Nutzers werden durch farblich gekennzeichnete Flächen dargestellt.
- **Hologramm**: 3D-Objekt
- **Immersion**: das körperliche und geistige Gefühl, in die virtuelle Welt einzutauchen.
- **Interaktion**: beschreibt wechselseitige Handlungen
- **Interface**: Bedienoberfläche
- **Interpupillardistanz (IPO)**: Augenabstand
- **Magic-Window**: „magische Fenster"; ermöglicht dem Nutzer, 360°-Inhalte auch ohne ein VR-Headset zu schauen. Dabei handelt es sich um eine Technik, bei der die VR-Anwendung eine monoskopische Ansicht der 3D-Szenen wiedergibt, die auf der Grundlage des Orientierungssensors des Geräts aktualisiert wird. Auf diese Weise fungiert der Bildschirm des Geräts als ein (scheinbar magisches) „Fenster".
- **Mind-set**: Einstellung des Einzelnen zu Themen, geprägt von Erfahrungen
- **Mixed Reality (MR)**: deutsch 'Gemischte Realität'; das Verschmelzen der realen und virtuellen Welt – eine Art hybride Anwendung von VR und AR. Eine Interaktion mit dem digitalen Inhalt in Echtzeit wird möglich. Anwendungen sind insbesondere durch die Einführung der Microsoft HoloLens bekannt.
- **Mobile VR**: ungebunden, da das VR-Erlebnis zum Beispiel mit einem Cardboard und einem Handy gesehen werden kann – ohne mit einem Kabel an einen Computer gebunden zu sein; Gegensatz zu ->stationärer (= tethered) VR
- **Monoskopie**: Zweidimensionale (2D-) Bilder ohne räumliche Tiefe; Gegensatz -> Stereoskopie
- **Motion Sickness**: Form von Übelkeit; vermutet wird, dass diese Übelkeit auftritt, wenn die körperliche Selbstwahrnehmung von der visuellen abweicht.
- **Open-Source**: Eine Software oder Plattform, deren Quelltext frei zugänglich ist und von jedem genutzt und geändert werden kann.
- **Overlay**: Ebenen, die aufeinandergelegt werden.
- **Pacing**: Durchschreiten des Mediums, aus Nutzersicht die Geschwindigkeit, in der durch die Geschichte geführt wird.

- **Parallax Linie/Position**: Veränderung der scheinbaren Position eines Objekts relativ zu weiter entfernten Objekten, verursacht durch eine Änderung der Blickrichtung des Betrachters auf das Objekt.
- **Patchfilter**: Ein Feature in Apple's Final Cut Pro X, mit dem das Retouchieren des Stativs ermöglicht wird.
- **Photogrammetrie**: computergestützt wird ein 3D-Objekt/Raum aus vielen Einzelaufnahmen errechnet und visuell dargestellt.
- **Plug-in**: Erweiterung
- **Point of View (PoV)**: Perspektive; beschreibt in der VR-Dramaturgie aus welcher Position heraus der Nutzer die VR-Anwendung wahrnimmt. -> First-Person-PoV; -> Third-Person-PoV
- **Room-Scale-VR**: raumfüllend, auch „fullscale". Das bedeutet, dass der Nutzer sich in einem realen Raum frei bewegen kann und diese Bewegungen 1:1 direkt in die virtuelle Welt übertragen werden. Das ermöglichen spezielle -> Sensoren
- **Polygon**: Vieleck
- **Polygonnetz**: beschreibt eine Anzahl von -> Polygonen, die gemeinsam eine Fläche bilden.
- **Positional-Tracking-Verfahren**: Verfahren, um die Bewegung des Nutzers zu verfolgen und diese in die virtuelle Welt zu übertragen.
- **Post-Production**: Postproduktion oder Nachbereitung
- **Präsenz**: Das Gefühl in der VR Welt zu sein, sich in ihr zu aktiv bewegen und sie zu beeinflussen (->6DoF).
- **Producer**: Verantwortlicher für die inhaltliche und organisatorische Abwicklung der Produktion
- **Product Owner**: verantwortlicher für die Wertmaximierung und das Entwicklungsteam (Begriff aus der in der IT verwandten Scrummethode).
- **Prosumer**: Person, die gelichzeitig Produzent und Konsument ist.
- **Prototyp**: Vorbild, Muster, Grundform für etwas.
- **Reverb**: Effekt, wenn Schallwellen von einer beliebigen Schallquelle in einem Raum reflektiert werden, wodurch eine große Anzahl von Reflexionen so dicht beieinanderliegen, dass man keine Verzögerung bemerkt. In großen Räumen kommt dann das Gefühl auf, der Ton sei noch vorhanden, obwohl er schon verstummt ist.

- **Roomscale-VR**: raumfüllend, auch „fullscale". Das bedeutet, dass der Nutzer sich in einem realen Raum frei bewegen kann und diese Bewegungen 1:1 direkt in die virtuelle Welt übertragen werden. Das ermöglichen spezielle -> Sensoren
- **Sechs Freiheitsgrade** (engl. „six-degrees of freedom"): Dieser Ausdruck bezeichnet die Bewegungsfreiheit eines Körpers/Objekts im Raum: vor/zurück, rauf/runter, links/rechts, gieren, nicken und rollen.
- **Sensor**: Fühler, Messgerät
- **Shapeshifting**: komplette physikalische Transformation/Übersetzung, Identitätsveränderung oder Konturenveränderung, zum Beispiel als ->Avatar in VR-Umgebungen.
- **Social VR**: Plattformen wie Facebook, Altspace oder High Fidelity, in denen Menschen vertreten durch ihre Avatare zusammenkommen. Das ist auch über Apps möglich.
- **Spatial Audio**: räumlicher Klang
- **Stationäre VR**: auch engl. Tethered VR; das VR-Erlebnis findet durch mit Kabel verbundenen Geräten (->Vr-Brille und Computer) statt; Gegensatz -> Mobile VR
- **Stereoskopie**: Zweidimensionale (2D-) Bilder mit einer räumlichen Tiefe, die auch als dreidimensional „3D" bezeichnet werden. (-> Monoskopie)
- **Stereoskopische Kameras**: Die Kameratechnik dieser Kameras ermöglicht räumliches Sehen, das mehr Tiefe erzeugt.
- **Storyboard**: auch Szenenbuch; visuelle Konzeption des Themas
- **Storytelling**: Form durch das Erzählen einer Geschichte Informationen zu vermitteln.
- **Teleportation**: theoretische Transport eines Objektes oder einer Person an einen anderen Ort.
- **Template**: Schablone, Vorlage
- **User Experience Designer**: Gestalter des ->Interfaces.
- **4K**: Maßeinheit für die Auflösung der Ausleuchtung von Bildern/Videos; Mindestauflösung horizontal um 4000 Pixel. UHD-1 (3840 × 2160 Pixel).
- **Virtuelle Reality (VR)**: deutsch 'Virtuelle Realität'; das Erleben einer computergenerierten Umgebung (-> Computer Generated Images, CGI). Diese Umgebung, auch Welt genannt, kann dabei komplett computeranimiert oder videobasiert sein. Durch das Benutzen einer ->VR-Brille (auch VR-Headset genannt) und ihren ->Controllern ist es dem Nutzer möglich, komplett in diese virtuelle Welt einzutauchen (->Immersion). Dabei ist entscheidend, dass der Nutzer sich frei

umsehen und bewegen (-> 6DoF) oder mit nahezu allen Sinnen aktiv an dieser Welt teilnehmen kann (->Präsenz).

- **Volumetrische VR**: Diese Technologie ermöglicht es, Körper dreidimensional darzustellen und – in der virtuellen Umgebung – um sie herum zu gehen. Personen wirken dadurch noch realistischer.
- **VR-Brille**: Hardware zur Nutzung von VR-Anwendungen; auch Head-Mounted-Display (HMD)
- **WebVR**: Um auch im Browser VR Anwendungen nutzen zu können, ermöglicht diese Programmierschnittstelle (API) via der Programmiersprache JavaScript auf VR Geräte wie VR-Headsets (-> Head-Mounted-Display) zuzugreifen.
- **World-Sense-Verfahren**: ->Positional-Tracking-Verfahren von Google, wird in der ->Stand-alone VR-Brille verwendet.

# Literaturverzeichnis

8i. 2017. *8i*. Zugriff am 5. Dezember 2017. https://8i.com/.
Adobe Premiere Pro. 2018. *Adobe Premiere Pro*. https://www.adobe.com/creativecloud/video/360-vr-video-tools.html.
Aframe. 2018. *Aframe*. Zugriff am 21. Januar 2018. https://aframe.io/.
Akademie für Publizistik. 2018. *360 Grad Video & Virtual Reality*. Zugriff am 21. März 2018. http://www.akademie-fuer-publizistik.de/seminare/alle-seminare/details/360-grad-video-virtual-reality-2/.
Alger, Mike, Interview geführt von Manuela Feyder. 2018. (28. Februar).
—. 2015. *Visual Design Methods for Virtual Reality*. 17. Oktober. Zugriff am 20. März 2018. https://issuu.com/algerface/docs/visual_design_methods_for_vr.
AP, und Ryot. 2015. *Seeking Home: Life inside the Calais Migrant Camp 360 Video*. 5. November. Zugriff am 5. Dezember 2017. https://www.youtube.com/watch?v=YKPDIUH9-Y8&feature=youtu.be.
ARD.ZDF medienakademie. 2018. *Virtual Reality journalistisch nutzen – mehr als 360° Videos*. Zugriff am 21. März 2018. https://www.ard-zdf-medienakademie.de/mak/seminare/55611.
2017. *ARD/ZDF-Onlinestudie 2017*. Zugriff am 5. Dezember 2017. http://www.ard-zdf-onlinestudie.de/.
Armstrong, Paul. 2017. *Just How Bis Is The Virtual Reality Market And Where Is It Going?* 6. April. Zugriff am 7. Dezember 2017. https://www.forbes.com/sites/paularmstrongtech/2017/04/06/just-how-big-is-the-virtual-reality-market-and-where-is-it-going-next/#68c9584c4834.
Atassi, Basma. 2015. *Haji 360 – erleben Sie die Reise nach Mekka in 360 Grad*. 17. September. Zugriff am 5. Dezember 2017. https://www.youtube.com/watch?v=49xdCEsDDx4&feature=youtu.be.
Böhm, Markus, Matthias Kremp, und Christian Stöcker. 2016. *Alles über die neuen Virtual-Reality-Brillen*. 24. Mai. Zugriff am 9. Dezember 2017. http://www.spiegel.de/netzwelt/games/virtual-reality-im-test-htc-vive-und-oculus-rift-im-vergleich-a-1091992.html.
Bailenson, Jeremy. 2018. *Experience on Demand: What Virtual Reality Is, How It Works, and What It Can Do*. New York: W. W. NORTON & COMPANY.
Banzer, Patricia, Interview geführt von Manuela Feyder. 2017. *Redakteurin Mediale Programmentwicklung beim SRF in Zürich* Zürich, (5. April).
BBC. 2016. *We Wait*. Zugriff am 20. Dezember 2017. https://www.oculus.com/experiences/rift/1248924088498899.

Born, Dominik, Interview geführt von Manuela Feyder. 2017. *Fachexperte Innovation Online-Redaktion bei srf* Zürich, (5. April).
Brillhart, Jessica. 2015. *WORLD TOUR: A Jump VR Video*. 5. November. Zugriff am 5. Dezember 2017. https://youtu.be/xPhdLz2Ebfw.
Bucher, John. 2018. *Story for Virtual Reality: Methods and Principles for Crafting Immersive Narratives*. New York, NY: Routledge Raylor & Francis Group.
—. 2018. *Storytelling for Virtual Reality*. New York: Routledge Taylor & Francis Group.
Burgard-Arp, Nora. 2014. „*Immersive Journalism*": *wenn Zuschauer Teil der Nachricht werden*. Herausgeber: MEEDIA. 23. Juli. Zugriff am 5. Dezember 2017. http://meedia.de/2014/07/23/immersive-journalism-wenn-zuschauer-teil-der-nachricht-werden/.
Catmull, Ed. 2018. "Pixar Animation." In *Focal Press Book*, von J. Bucher. GB: Taylor & Francis.
Cheung, Paul, Interview geführt von Manuela Feyder. 2017. *Direktor Visueller Journalismus bei NBC News* New York, NY, (12. Mai).
Chu, Alex. 2015. *Alex Chu on Designing Milk VR for the Samsung Gear VR*. 06. April. http://voicesofvr.com/117-alex-chu-on-designing-milk-vr-for-the-samsung-gear-vr/.
CNN Press Room. 2015. *CNN Will Live Stream Democratic Debate in Virtual Reality*. 24. September. Zugriff am 5. Dezember 2017. http://cnnpressroom.blogs.cnn.com/2015/09/24/cnn-will-live-stream-democratic-debate-in-virtual-reality/?iid=EL.
Dörner, R., W. Broll, P. Grimm, und B. Jung. 2013. *Virtual und Augmented Reality (VR/AR) – Grundlagen und Methoden der Virtuellen und Augmentierten Realität*. Springer Verlag.
de la Peña, Nonny, Interview geführt von Manuela Feyder. 2018. *Gründerin und Geschäftsführerin Emblematic Group* Los Angeles, CA, (28. Februar).
—. 2017. *Immersive Journalism*. Zugriff am 5. Dezember 2017. http://www.immersivejournalism.com/key-bios/.
de la Peña, Nonny, Jeff Fitzsimmons, und Brad Lichtenstein. 2016. *Across the Line*. Zugriff am 26. März 2018. http://www.acrossthelinevr.com.
Deutschlandradio Kultur. 2017. *Stasieverhöre: Manipulierte Geständnisse*. Zugriff am 20. Dezember 2017. http://blogs.deutschlandradiokultur.de/stasiverhoer.
Digital News Initiative. 2017. *Digital News Initiative* . Zugriff am 5. Dezember 2017. https://digitalnewsinitiative.com/.
Dolan, Devon, und Michael Parets. 2016. *Redefining The Axiom Of Story: The VR And 360 Video Complex*. 14. Januar. Zugriff am 7. Dezember 2017. https://techcrunch.com/2016/01/14/redefining-the-axiom-of-story-the-vr-and-360-video-complex/.
Doyle, Patrick, Mitch Gelman, und Sam Gill. 2016. "Viewing the Future? Virtual Reality in Journalism ." März. Zugriff am 5. Dezember 2017. https://kf-site-production.s3.amazonaws.com/publications/pdfs/000/000/182/original/VR_report_web.pdf.
Dreykluft, Joachim, Interview geführt von Online Fragebogen. 2017. *Online-Chefredakteur bei sh:z*
EBU Studie. 2017. *Virtual Reality: How are public broadcasters using it?* Juli. https://www.ebu.ch/publications/virtual-reality-how-are-public-broadcasters-using-it.
Emblematic Group. 2012. *Hunger in LA*. Nonny de la Peña. Zugriff am 5. Dezember 2017. http://emblematicgroup.com/experiences/hunger-in-la.
Evans, Heath. 2017. "*Content is King*" – *Essay by Bill Gates 1996*. 30. Januar. Zugriff am 5. Dezember 2017. https://medium.com/@HeathEvans/content-is-king-essay-by-bill-gates-1996-df74552f80d9.
Fader. 2018. *Fader*. Zugriff am 21. Januar 2018. https://getfader.com/.
—. 2017. *Fader*. Zugriff am 5. Dezember 2017. https://getfader.com/.

# Literaturverzeichnis

Final Cut Pro. 2018. *Final Cut Pro*. Zugriff am 23. März 2018. https://www.apple.com/final-cut-pro/.
Flemig, Konstantin, Interview geführt von Manuela Feyder. 2017. *Social Media Redakteur und Filmemacher bei ZDF Digital* (17. Oktober).
Frontline. 2015. *Ebola Outbreak*. 12. November. Zugriff am 5. Dezember 2017. https://www.facebook.com/frontline/videos/vb.45168721640/10153170622741641/?type=2&theater.
Gelman, Mitch, Interview geführt von Manuela Feyder. 2017. *CTO Newseum* Washington, DC, (Mai).
Gensch, Stephan, Interview geführt von Linda Rath-Wiggins. 2018. *Chief Product Officer* (23. März).
2017. *Google Cardboard*. Zugriff am 18. Dezember 2017. https://vr.google.com/cardboard/.
2017. *Google Daydream*. Zugriff am 18. Dezember 2017. https://vr.google.com/daydream/.
Google News Lab. 2017. *Google News Lab*. Zugriff am 5. Dezember 2017. https://newslab.withgoogle.com.
—. 2017. "Storyliving: An Ethnographic study of how audiences experience VR and what that means for journalists." 28. Juli. Zugriff am 5. Dezember 2017. https://newslab.withgoogle.com/assets/docs/storyliving-a-study-of-vr-in-journalism.pdf.
2017. *GoPro Omni*. Zugriff am 18. Dezember 2017. https://shop.gopro.com/EMEA/virtualreality/.
Griffith, Nathan, Interview geführt von Manuela Feyder. 2017. *VR-Producer New York Times (zum Zeitpunkt des Interviews: Interactive Editor bei AP)* (Mai).
Grohganz, Thomas. 2017. *SteamVR: HTC Vive behält größte Nutzeranteile – Erste Zahlen zu Windows-VR-Brillen*. 4. Dezember. Zugriff am 9. Dezember 2017. https://www.vrnerds.de/steamvr-htc-vive-behaelt-groesste-marktanteile-erste-zahlen-zu-windows-vr-brillen/.
Helmore, Edward. 2015. *'Godmother of VR' sees journalism as the future of virtual reality*. 11. März. Zugriff am 23. März 2018. https://www.theguardian.com/technology/2015/mar/11/godmother-vr-news-reporting-virtual-reality.
Hill, Sarah, Interview geführt von Manuela Feyder. 2017. *CEO of StoryUp* Columbia, Missouri, (Mai).
Hirschler, Michael. 2016. *Honorare und Konditionen für Virtual-Reality-Journalisten*. 07. März. Zugriff am 21. März 2018. https://www.djv.de/startseite/service/news-kalender/freien-news/detail/browse/8/article/honorare-und-konditionen-fuer-virtual-reality-journalisten-1.html.
Hoover, Paul, Interview geführt von Manuela Feyder. 2018. *UX Designer bei Artefact, Seattle, USA* (01. März).
Hopper, Michael, Interview geführt von Manuela Feyder. 2017. *Senior Producer bei VICE News* New York, NY, (18. Mai).
Hughes, Katie, Katie Parkins, und Alex Li. 2017. *Fader brings 360-degree video and VR to small newsrooms*. 14. Dezember. Zugriff am 21. März 2018. https://www.rjionline.org/stories/fader-brings-360-degree-video-and-vr-to-small-newsrooms.
IM360. 2017. *IM360*. Zugriff am 5. Dezember 2017. http://www.im360.info/company.html.
Institut für Neue Medien. 1996. *Institut für Neue Medien*. Zugriff am 5. Dezember 2017. http://www.inm.de/index.cfm?siteid=143.
Jaekel, Brielle. 2017. *NY Times? VR play is publisher's most successful app launch*. Zugriff am 7. Dezember 2017. https://www.mobilemarketer.com/ex/mobilemarketer/cms/news/video/21676.html.
Jarvis, Jeff. 2017. *Fader*. Zugriff am 5. Dezember 2017. https://getfader.com/.

Jebb, Louis, Interview geführt von Manuela Feyder. 2017. Brüssel, (04. Dezember).
Journalism 360. 2017. *Immersive Storytelling*. Zugriff am 5. Dezember 2017. https://newslab.withgoogle.com/tout/immersive-storytelling.
Journalismusförderung, Stiftung zur. 2018. *Stiftung zur Journalismusförderung.* https://knightfoundation.org/about.
Köberich, Eckhart, Interview geführt von Manuela Feyder. 2017. *ZDF Digital*
Köppen, Laura, Interview geführt von Manuela Feyder. 2017. *Strategieentwicklung SRF* Zürich, (5. April).
Kamppari-Miller, Saara. 2017. *VR Paper Prototyping*. 13. April. https://blog.prototypr.io/vr-paper-prototyping-9e1cab6a75f3.
—. 2017. *VR Sketch Sheets*. 06. April. https://blog.prototypr.io/vr-sketch-sheets-4843fd690c91.
Kelion, Leo. 2017. *Nokia kills off Ozo high-end virutal reality cameras*. 10. Oktober. Zugriff am 7. Dezember 2017. http://www.bbc.com/news/technology-41567051.
Kirchhof, Sönke, Interview geführt von Linda Rath-Wiggins. 2018. *Geschäftsführung INVR. SPACE GmbH* Berlin, (21. März).
Kisch, Egon Erwin. 2016. *Der rasende Reporter*. Aufbau Verlag.
Knight Foundation. 2017. *Knight Foundation*. Zugriff am 5. Dezember 2017. https://knightfoundation.org.
Knoepp, Lilly. 2017. *Forget Oculus Rift, Meet The Godmother Of VR*. 13. April. Zugriff am 5. Dezember 2017. https://www.forbes.com/sites/lillyknoepp/2017/04/13/forget-oculus-rift-meet-the-godmother-of-vr/#933ddac6b487.
Kolor Autopano Video Pro. 2018. *Kolor Autopano Video Pro*. http://www.kolor.com/autopano-video.
Lünenborg, Margreth. 2015. *Journalismus als kultureller Prozess: Zur Bedeutung von Journalismus in der Mediengesellschaft. Ein Entwurf*. 11. Auflage. Wiesbaden: VS Verlag für Sozialwissenschaften.
Lidquid Cinema. 2017. *Liquid Cinema*. Zugriff am 5. Dezember 2017. http://liquidcinemavr.com/about/.
LoVR. 2016. *LoVR*. Zugriff am 20. Dezember 2017. https://with.in/watch/lovr/.
LucidCam. 2017. *LucidCam*. Zugriff am 18. Dezember 2017. https://www.lucidcam.com/.
Machkovech, Sam. 2017. "Volumetric capture is the swift kick in the butt VR so desperately needs – Throw your 360-degree videos in the trash. VR documentaries just got way better." 3. März. Zugriff am 5. Dezember 2017. https://arstechnica.com/gaming/2017/03/volumetric-capture-is-the-swift-kick-in-the-butt-vr-so-desperately-needs/.
Marconi, Francesco, und Taylor Nakagawa. 2017. "A guide for journalists in a world of immersive 3-D content." 26. September. Zugriff am 5. Dezember 2017. https://insights.ap.org/industry-trends/report-how-virtual-reality-will-impact-journalism.
Marconi, Francesco, und Taylor Nakagawa. 2017. "The Age Of Dynamic Storytelling – A guide for journalists in a worldof immersive 3-D content." AP.
Matney, Lucas. 2017. *Virtual reality headsets unit sales are slowly improving*. 28. November. Zugriff am 7. Dezember 2017. https://techcrunch.com/2017/11/28/virtual-reality-headset-unit-sales-are-slowly-improving/.
2017. *Matterport*. Zugriff am 18. Dezember 2017. https://matterport.com/.
Matthies, Volker, Interview geführt von Manuela Feyder. 2017. *Co-Founder des netzwerk medien-trainers und fester Freier in der Informationsdirektion des Bayerischer Rundfunk* München, (November).

# Literaturverzeichnis

McCurley, Vincent. 2016. *Storyboarding in Virtual Reality.* 22. Mai. https://virtualrealitypop.com/storyboarding-in-virtual-reality-67d3438a2fb1.
Mettle. 2017. *Mettle.* Zugriff am 5. Dezember 2017. https://www.mettle.com.
Meyer, Stephan, Interview geführt von Linda Rath-Wiggins. 2017. *Freier Autor und Cutter bei BILD TV/360* Berlin, Berlin, (25. August).
Migielicz, Geri, und Janine Zacharia. 2016. "Stanford Journalism Program's Guide to Using Virtual Reality for Storytelling—Dos & Dont's." 1. August. Zugriff am 5. Dezember 2017. https://medium.com/@StanfordJournalism/stanford-journalism-programs-guide-to-using-virtual-reality-for-storytelling-dos-don-ts-f6ca15c7ef3c.
Milk, Chris. kein Datum. Zugriff am 5. Dezember 2017. http://milk.co/bio.
—. 2015. *Wie virtuelle Realität zur ultimativen Empathie-Maschine werden kann.* Ted. 03. Zugriff am 5. Dezember 2017. https://www.ted.com/talks/chris_milk_how_virtual_reality_can_create_the_ultimate_empathy_machine?language=de#t-523269.
Mistika. 2018. *Mistika.* https://www.sgo.es/mistika-vr/.
Mooser, Bryn, Interview geführt von Manuela Feyder. 2017. *Gründer von Ryot* New York, NY, (Mai).
Mosler, Daniel. 2016. *Die 360-Grad-Computerweilt.* 5. Januar. Zugriff am 9. Dezember 2017. http://www.tagesspiegel.de/wirtschaft/virtual-reality-die-360-grad-computerwelt/12790976.html.
Mr. Cardboard. 2017. *Mr. Cardboard.* Zugriff am 7. Dezember 2017. https://mrcardboard.eu/de/.
Nakagawa, Taylor. 2017. *Updating the ethics of VR journalism.* 03. Januar. Zugriff am 23. März 2018. https://medium.com/journalism360/updating-the-ethics-of-vr-journalism-e78255e1e507.
netzwerk medientrainer. 2018. *VIRTUAL REALITY IM JOURNALISMUS.* Zugriff am 21. März 2018. http://www.netzwerk-medien-trainer.de/veranstaltungen/virtual-reality-im-journalismus/.
New York Times. 2016. *In. theRubble of an Airstrike in Yemen.* Produzent: Tyler Hicks, Veda Shastri und Kaitlyn Mullin.
New York Times Now. 2016. *Introducing The Daily 360 Form The New York Times.* 1. November. Zugriff am 5. Dezember 2017. https://www.nytimes.com/2016/11/01/nytnow/the-daily-360-videos.html.
New York Times. 2015. *The New York Times Launches NYT VR; Delivers Over One Million Google Cardboard Viewers.* 20. Oktober. Zugriff am 5. Dezember 2017. http://investors.nytco.com/press/press-releases/press-release-details/2015/The-New-York-Times-Launches-NYT-VR-Delivers-Over-One-Million-Google-Cardboard-Viewers/.
Newseum. 2018. *Newseum.* Zugriff am 13. Januar 2018. http://www.newseum.org.
Nikon Key Mission. 2017. *Nikon Key Mission.* Zugriff am 18. Dezember 2017. http://nikon.keymission.com/home/.
Oculus. 2018. *Oculus Experiences.* Zugriff am 21. Januar 2018. https://www.oculus.com/experiences/rift/.
—. 2017. *Oculus Rift.* Zugriff am 18. Dezember 2017. https://www.oculus.com/rift/.
Oculus Rift. 2017. *Oculus Rift.* Zugriff am 18. Dezember 2017. https://www.oculus.com/rift/.
Orah. 2018. *Orah.* https://www.orah.co/software/videostitch-studio/.
Popalzai, Shaheryar, Interview geführt von Manuela Feyder. 2017. *Digitaler Journalist, Stipendiat des International Center for Journalists (ICFJ)* (Oktober).
Prof. Meier, Klaus, Interview geführt von Manuela Feyder. 2017. *Studiengang Journalistik der Katholischen Universität Eichstätt-Ingolstadt* (18. Dezember).

Prof. Vester, Frederic. 2016. *Denken, Lernen, Vergessen: Was geht in unserem Kopf vor? Wie lernt das Gehirn? Wann läßt es uns im Stich?* 37. Auflage. dtv. http://www.frederic-vester.de/deu/werke/denken-lernen-vergessen/.

Reichert, Ziv. 2017. *The current state of immersive tech.* 28. Juli. Zugriff am 5. Dezember 2017. https://haptic.al/the-current-state-of-immersive-tech-14cd5b14bc41.

Ricoh Theta. 2017. *Ricoh Theta.* Zugriff am 18. Dezember 2017. https://theta360.com/en/.

Rixecker, Kim. 2014. *Google Cardboard: So baut ihr euch eine VR-Brille aus Pappe.* 26. Juni. Zugriff am 7. Dezember 2017. http://t3n.de/news/google-cardboard-vr-brille-pappe-553860/.

Robitzski, Dan. 2017. *Virtual Reality and Journalistic Ethics: Where Are the Lines?* 27. September. Zugriff am 23. März 2018. https://undark.org/article/virtual-reality-and-journalistic-ethics-where-are-the-lines/.

RYOT. 2016. *The Turn Around – Your world in 360.* Zugriff am 5. Dezember 2017. https://www.ryot.org/blog/videos/turnaround-world-360.

Ryot, und PoP. 2015. *Beginning – A Pencils of Promise Virtual Reality Film.* 17. November. Zugriff am 5. Dezember 2017. https://youtu.be/SelvUz8Zr3k.

Samsung Gear VR. 2017. Zugriff am 18. Dezember 2017. http://www.samsung.com/global/galaxy/gear-vr/.

Sauter, Marc. 2017. *Qualcomm entwickelt Standalone-Headset.* 17. Mai. Zugriff am 16. Dezember 2017. https://www.golem.de/news/google-daydream-qualcomm-entwickelt-standalone-headset-1705-127885.html.

Schilowitz, Ted. 2018. "Storytelling for Virtual Reality – Methods and principles for crafting immersive narratives." In *A Focal Press Book*, von John Bucher. GB: Taylor & Francis.

Schult, Gerhard, und Axel Buchholz. 2016. *Fernseh-Journalismus. Ein Handbuch für Ausbildung und Praxis.* 9. Auflage. Springer VS.

Scott, Caroline. 2016. *Disrupting the narrative: Telling stories with 360-degree video.* 11. Februar. Zugriff am 17. Dezember 2017. https://www.journalism.co.uk/news/disrupting-the-narrative-telling-stories-with-360-degree-video/s2/a609976/.

Seymat, Thomas, Interview geführt von Manuela Feyder. 2017. *VR Journalist bei euronews* (16. Februar).

sh:z. 2018. *Stellenausschreibung Product Owner.* Zugriff am 21. März 2018. https://noz.jobbase.io/job/mhrpz481.

Silverstein, Jake. 2015. *The Displaced: Introduction.* New York Times. 5. November. Zugriff am 5. Dezember 2017. https://www.nytimes.com/2015/11/08/magazine/the-displaced-introduction.html.

Sonnenfeld, Isabelle, Interview geführt von Manuela Feyder. 2017. *Head of Google News Lab DACH* Berlin, (November).

Sonnenfeld, Isabelle, Interview geführt von Manuela Feyder. 2018. *Head of Google News Lab DACH* (05. Januar).

SRF. 2016. *Gotthard Tunnel 360°.* 23. Mai. Zugriff am 21. Januar 2018. https://www.youtube.com/watch?v=qDSCtXvL5Io.

SRG Insider. 2017. *Dominik – Born to be innovative.* Februar. Zugriff am 5. Dezember 2017. http://www.srginsider.ch/behind-the-scenes/2017/02/23/dominik-born-to-be-innovative/.

Stahl, Daniel, Interview geführt von Online Fragebogen. 2017. *Ressortleiter bei der Heilbronner Stimme/Stimme.de*

Statista. 2016. *Statista.* Zugriff am 16. Dezember 2017. http://www.statista.com.

—. 2017. *Virtual reality software and harware market size worlwide from 2016 to 202 (in billion U.S. dollars).* Zugriff am 7. Dezember 2017. https://www.statista.com/statistics/528779/virtual-reality-market-size-worldwide/.
SteamVR. 2018. Zugriff am 21. Januar 2018. https://steamcommunity.com/steamvr.
—. 2017. *SteamVR.* Zugriff am 8. Dezember 2017. http://store.steampowered.com/vr/.
Stern, Joanna. 2016. *A Virtual Reality Guide to Virtual Reality (360 Video).* 23. März. Zugriff am 5. Dezember 2017. https://youtu.be/49vZHEIhp_8.
Taddonio, Patrice. 2015. *FRONTLINE Releases "Ebola Outbreak: A Virtual Journey" on Facebook 360.* 12. November. Zugriff am 21. Januar 2018. https://www.pbs.org/wgbh/frontline/announcement/frontline-releases-ebola-outbreak-a-virtual-journey-on-facebook-360/.
Terdiman, Daniel. 2015. *Why Volumetric VR Is The Real Future Of Virtual Reality.* 12. September. Zugriff am 5. Dezember 2017. https://www.fastcompany.com/3054317/why-volumetric-vr-is-the-real-future-of-virtual-reality.
Terra X. 2016. *Terra X Making of.* 02. Dezember. Zugriff am 15. März 2018. https://www.zdf.de/dokumentation/terra-x/videos/making-of-vr-gladiatoren-100.html.
The Guardian. 2016. *6x9: A virtual experience of solitary confinement.* 27. April. Zugriff am 5. Dezember 2017. https://www.theguardian.com/world/ng-interactive/2016/apr/27/6x9-a-virtual-experience-of-solitary-confinement.
—. 2016. *Welcome To Your Cell. 6x9: A virtual experience of solitary confinement.* Zugriff am 20. Dezember 2017. https://www.theguardian.com/world/ng-interactive/2016/apr/27/6x9-a-virtual-experience-of-solitary-confinement/.
The Verge. 2016. *Michelle Obama 360.* 14. März. Zugriff am 18. März 2018. https://www.youtube.com/watch?v=0QY72R3ZDzw.
Thinglink. 2018. *Thinglink.* Zugriff am 23. März 2018. http://demo.thinglink.com/vr-editor.
TIME. 2016. *Remembering Pearl Harbor Brings 'Date Which Will Live in Infamy' to Virtual Reality.* 01. Dezember. Zugriff am 17. März 2018. http://time.com/4583817/remembering-pearl-harbor-virtual-reality/.
Tramz, Mia. 2016. *Go Behind the Scenes of LIFE VR's Remembering Pearl Harbor Experience.* 01. Dezember. Zugriff am 17. März 2018. http://time.com/4586598/life-vr-pearl-harbor/.
Tramz, Mia, Interview geführt von Manuela Feyder. 2017. *Managing Editor of Life VR, TIME Inc.* New York, NY, (12. Mai).
UC Berkeley. 2018. *VR: IMMERSIVE 360 DEGREE VIDEO STORYTELLING.* Januar. Zugriff am 21. März 2018. https://multimedia.journalism.berkeley.edu/workshops/vr/.
Unity. 2017. *Unity.* Zugriff am 5. Dezember 2017. https://unity3d.com/de.
Unreal. 2017. *Unreal.* Zugriff am 5. Dezember 2017. https://www.unrealengine.com/en-US/blog.
Veer VR. 2018. *Veer VR.* Zugriff am 23. März 2018. https://veer.tv/veer-editor.
Vive. 2017. *Vive.* Zugriff am 18. Dezember 2017. https://www.vive.com/eu/.
von La Roche, Walther. 2004. *Einführung in den praktischen Journalismus.* 16. Auflage. München: Paul List Verlag.
von La Roche, Walther, und Axel Buchholz. 2017. *Radio-Journalismus.* 11. Auflage. Berlin: VS Verlag.
VR Nerds. 2015. *Die Geschichte der virtuellen Realität.* Zugriff am 5. Dezember 2017. https://www.vrnerds.de/die-geschichte-der-virtuellen-realitaet.
Vuze. 2017. *Vuze.* Zugriff am 18. Dezember 2017. https://vuze.camera/.
Watson, Zillah, Interview geführt von Online. 2017. *Commissioning Editor for Virtual Reality, BBC* London, (17. April).

—. 2017. "VR For News: The New Reality." Herausgeber: University of Oxford Reuters Institute for the Study of Journalism. April. Zugriff am 5. Dezember 2017. http://reutersinstitute.politics.ox.ac.uk/sites/default/files/research/files/VR%2520for%2520news%2520-%2520the%2520new%2520reality.pdf.

Wilkinson, Patrick, Interview geführt von Manuela Feyder. 2017. *Spieleentwickler und Gründer der Gamingfirma "Catdaddy"* Kirkland, (Mai).

Willens, Max. 2017. *One year in: What The New York Times learned from its 360-degree video project, The Daily 360.* 14. November. Zugriff am 25. März 2018. https://digiday.com/media/one-year-new-york-times-learned-360-degree-video-project-daily-360/.

Zacharia, Janine, und Geri Migielicz. 2016. *Stanford Journalism Program's Guide to Using Virtual Reality for Storytelling—Dos & Don'ts.* 01. August. Zugriff am 21. März 2018. https://medium.com/@StanfordJournalism/stanford-journalism-programs-guide-to-using-virtual-reality-for-storytelling-dos-don-ts-f6ca15c7ef3c.

Zuckerberg, Mark. 2017. *Oculus Connect 4 | Day 1 Keynote.* 12. Oktober. Zugriff am 18. Dezember 2017. https://www.youtube.com/watch?v=QAa1GjiLktc.

# Interviewpartner

- Balakrishnan, Bimal, Direktor des Immersive Visualization Lab an der Reynolds Journalism Institute, University of Missouri, Columbia, USA 15.5.2017
- Banzer, Patricia, Redakteurin Mediale Programmentwicklung, SRF, Zürich, Schweiz 5.4.2017
- Born, Dominik, Fachexperte Innovation, SRF Online, Zürich, Schweiz, 5.4.2017
- Cheung, Paul, Director of Visual Journalism, NBC Nes; New York, USA, 12.5.2017
- Dreykluft, Joachim, Leiter Digitales Entwicklungslabor von NOZ Medien und mh:n in Hamburg, Chefredakteur der Nachrichtenwebsite shz.de, 20.12.2017
- Flemig, Konstantin, Social Media Redakteur, ZDF Digital Medienproduktion GmbH, Mainz, 28.6.2017
- Gelman, Mitch, ehemaliger Technischer Direktor des Newseum, Washington D.C., USA, 17.5.2017
- Gensch, Stephan, Gründer und Chief Product Officer Vragments GmbH, 23.03.2018, Berlin
- Griffiths, Nathan, Interactive Editor at the Associated Press, (heute: New York Times), New York, USA, 19.5.2017
- Heller, Martin, Leiter Video Innovationen bei Welt/n24 und Gründer von IntoVR, 14.02.2017
- Hill, Sarah, Gründerin von StoryUP, Columbia/Missouri, USA, 15.5.2017
- Hopper, Michael, Senior Producer, VICE News, New York, USA, 18.5.2017 und 31.5.2017
- Hoover, Paul, UX Designer bei Artefact, Seattle, USA, 1.3.2018
- Jebb, Louis, Gründer und Geschäftsführer von immersiv.ly in London, UK, Brüssel, 4.12.2017
- Kirchhof, Sönke, Geschäftsführer INVR.SPACE GmbH, Berlin, 21.03.2018

- Köberich, Eckart, Leiter VR, ZDF Digital Medienproduktion GmbH, Mainz, 28.6.2017
- Köppen, Laura, Programm-Strategie und Publikumsforschung, SRF, Zürich, Schweiz, 5.4.2017
- Lauretti, Jessica, Global Head of RYOT Studio, New York City, USA, 25.05.2017
- Lee, Joi, Producer, RYOT, New York, USA, 19.5.2017
- Marcolini, Barbara, Absolventin, Tow Knight Fellow 2017 at CUNY, (jetzt: New York Times), New York City, USA, 07.02.2017
- Matthies, Volker, Informationsdirektion, Bayerischer Rundfunk und Co-Founder des netzwerk medien-trainers, München, 7.4.2017
- Prof. Dr. Meier, Klaus, Studiengang Journalistik der Katholischen Universität Eichstätt-Ingolstadt; Eichstätt, 18.12.2017
- Meyer, Stephan, Freier Editor für bei BILD TV/360, Berlin, 25.08.2017
- Mooser, Bryn, Gründer, RYOT, New York, USA, 19.5.201Tramz, Mia , Managing Editor of Life VR, TIME Inc.; New York, USA, 12.5.2017
- de la Peña, Nonny, Gründerin und Geschäftsführerin, Emblematic Group, Los Angeles, USA, 28.2.2018
- Prof. Picht, Randy, Geschäftsführender Direktor des Reynolds Journalism Institute an der University of Missouri, Columbia/Missouri, USA, 15.5.2017
- Popalzai, Shaheryar, Absolvent, Knight International Journalism Fellowships, International Center for Journalists (ICFJ), Pakistan, 11.10.2017
- Rüsberg, Kai, Freier VR-Videojournalist, Berlin, 14.02.2017
- Stahl, Daniel , Reporter, Heilbronner Stimme, Heilbronn, 3.5.2017
- Seymat, Thomas , Leiter Immersive Journalism bei euronews, Lyon, Frankreich, 14.02.2017
- Sonnenfeld, Isabelle , Leiterin Google News Lab DACH, Berlin, 4.1.2018
- Watson, Zillah , Commissioning Editor for Virtual Reality, BBC, London, UK; 18.4.2017
- Wilkinson, Patrick, Gründer und Studio Manager von Cat Daddy Games, Kirkland/Seattle, USA, 21.9.2017
- Zaveri, Rajan, Absolvent, Tow Knight Fellow 2017 at CUNY, (jetzt: CEO HELM Studio), New York City, USA, 07.02. 2017

# Abbildungsverzeichnis

| | | |
|---|---|---|
| Abb. 1 | VR-Anwendung „Berlin Wall – The Virtual Reality Experiencee". Quelle: Newseum | 2 |
| Abb. 2 | Intensität der VR-Wahrnehmung. Quelle: Manuela Feyder, Linda Rath-Wiggins | 6 |
| Abb. 3 | Sensorama. Quelle: Minecraftpsyco; CC BY-SA 4.0. international | 7 |
| Abb. 4 | Virtualizer im Modell. Quelle: Cyberith | 9 |
| Abb. 5 | Virtualizer in der Anwendung. Quelle: Cyberith | 9 |
| Abb. 6 | VR-Anwendung „Hunger in L.A." Quelle: Emblematic Group | 10 |
| Abb. 7 | Google Cardboard. Quelle: netzwerk medien-trainer, Fotograf: Marcus Brodt | 11 |
| Abb. 8 | The Displaced. Quelle: YouTube Screenshot der Story von New York Times | 12 |
| Abb. 9 | Ebola Outbreak. Quelle: Screenshots vom Player auf Facebook | 13 |
| Abb. 10 | A Virtual Reality Guide to Virtual Reality (360 Video). Quelle: Wall Street Journal auf YouTube | 14 |
| Abb. 11 | Welcome to your cell. Quelle: Screenshot, The Guardian | 15 |
| Abb. 12 | Welcome to your cell. Quelle: Screenshot, The Guardian | 15 |
| Abb. 13 | The Daily 360. Quelle: Screenshot, New York Times | 16 |
| Abb. 14 | VR-Lab im Newseum. Quelle: Manuela Feyder | 17 |
| Abb. 15 | VR-Konferenz für Journalismus. Quelle: Linda Rath-Wiggins | 18 |
| Abb. 16 | VR-Pop Up Studio in Berlin. Quelle: Linda Rath-Wiggins | 19 |
| Abb. 17 | VR-Pop Up Studio in Berlin. Quelle: Linda Rath-Wiggins | 20 |
| Abb. 18 | Eckart Köberich, Leiter VR, ZDF Digital, mit der KanDao Obsidian Go. Quelle: Manuela Feyder | 29 |
| Abb. 19 | Sarah Hill, Gründerin von StoryUp mit der Zcam S1. Quelle: Manuela Feyder | 29 |
| Abb. 20 | Ozo-Kamera. Quelle: © INVR.SPACE GmbH | 30 |

| | | |
|---|---|---|
| Abb. 21 | Google Cardboard. Quelle: Google LLC | 32 |
| Abb. 22 | Google Daydream. Quelle: Google LLC | 33 |
| Abb. 23 | Samsung Gear VR. Quelle: © INVR.SPACE GmbH | 34 |
| Abb. 24 | HTC Vive. Quelle: © INVR.SPACE GmbH | 35 |
| Abb. 25 | Screenshot Fader. Quelle: Linda Rath-Wiggins | 37 |
| Abb. 26 | StasiVR App im iTunes Store, Screenshot. Quelle: Vragments GmbH | 38 |
| Abb. 27 | Screenshot „Remembering Pearl Harbor". Quelle: Life VR | 39 |
| Abb. 28 | Screenshot „Remembering Pearl Harbor". Quelle: Life VR | 40 |
| Abb. 29 | Screenshot „Remembering Pearl Harbor" Quelle: Life VR | 40 |
| Abb. 30 | Screenshot der VR-Anwendung von BBC: We Wait. Quelle: BBC | 42 |
| Abb. 31 | Screenshot der VR-Anwendung 6x9. Quelle: The Guardian | 43 |
| Abb. 32 | Screenshot der VR-Anwendung Stasiverhöre: Manipulierte Geständnisse. Quelle: Vragments | 44 |
| Abb. 33 | LoVR. Quelle: Within | 45 |
| Abb. 34 | Screenshot „Across the Line". Quelle: Nonny de la Peña, Emblematic Group, in Zusammenarbeit mit Brad Lichtenstein und Jeff Fitzsimmons von 371 Productions/Custom Reality Services und Planned Parenthood | 47 |
| Abb. 35 | Screenshot „Across the Line". Quelle: Nonny de la Peña, Emblematic Group, in Zusammenarbeit mit Brad Lichtenstein und Jeff Fitzsimmons von 371 Productions/Custom Reality Services und Planned Parenthood | 48 |
| Abb. 36 | Screenshot „Across the Line". Quelle: Nonny de la Peña, Emblematic Group, in Zusammenarbeit mit Brad Lichtenstein und Jeff Fitzsimmons von 371 Productions/Custom Reality Services und Planned Parenthood | 48 |
| Abb. 37 | Screenshot „Across the Line". Quelle: Nonny de la Peña, Emblematic Group, in Zusammenarbeit mit Brad Lichtenstein und Jeff Fitzsimmons von 371 Productions/Custom Reality Services und Planned Parenthood | 49 |
| Abb. 38 | „VR-Anwendung A100 VR", Screenshot aus der Game-Engine Unity. Quelle: Stephan Gensch | 51 |
| Abb. 39 | Screenshot der VR-Anwendung Gotthard Tunnel 360°. Quelle: SRF DOK Kanal auf YouTube | 52 |
| Abb. 40 | Screenshot Ebola Outbreak: A Virtual Journey. Quelle: pbs.org | 53 |
| Abb. 41 | Blickfelder des sitzenden Menschen. Quelle: Mike Alger | 63 |

# Abbildungsverzeichnis

Abb. 42　Dreidimensionale Wahrnehmung im Headset Oculus DK2.
　　　　Quelle: Mike Alger .................................................. 64
Abb. 43　Sechs Freiheitsgrade. Quelle: Horia Ionescu, CC BY 4.0 ......... 65
Abb. 44　Prototyping – der Basteltisch. Quelle: Charlotte Hauswedell ..... 69
Abb 45.　Prototyping für 360°-Produktionen, Position des Nutzers
　　　　in einer Story. Quelle: Linda Rath-Wiggins .................... 70
Abb. 46　Prototyping für volumetrische Produktionen.
　　　　Quelle: Charlotte Hauswedell .................................. 71
Abb. 47　Sketch-Sheets. Quelle: Saara Kamppari-Miller CC BY 4.0 ....... 72
Abb. 48　Sketch-Sheets. Quelle: Saara Kamppari-Miller CC BY 4.0 ....... 72
Abb. 49　Sketch-Sheets mit Bewegungsgrad und Wahrnehmungstiefe.
　　　　Quelle: Saara Kamppari-Miller CC BY 4.0 ..................... 73
Abb. 50　Sketch-Sheets blanko. Quelle: Saara Kamppari-Miller
　　　　CC BY 4.0 ................................................... 74
Abb. 51　Sketch-Sheets blanko. Quelle: Saara Kamppari-Miller
　　　　CC BY 4. .................................................... 75
Abb. 52　VR-Storyboarding mit Overlays. Quelle: Saara
　　　　Kamppari-Miller ............................................. 76
Abb. 53　VR-Storyboarding Softwarebeispiele. Quelle: VIAR360 ......... 76
Abb. 54　Storyboarding direkt in der VR-Umgebung. Quelle: Artefact .... 77
Abb. 55　Storyboard VR in der direkten Anwendung bei ZDF Digital.
　　　　Quelle: ZDF Digital .......................................... 78
Abb. 56　360°-Aufnahmen 1. Quelle: Konstantin Flemig ................ 79
Abb. 57　360°-Aufnahmen 2. Quelle: Konstantin Flemig ................ 80
Abb. 58　360°-Aufnahmen 3. Quelle: Konstantin Flemig ................ 81
Abb. 59　360°-Aufnahmen 4. Quelle: Konstantin Flemig ................ 82
Abb. 60　Screenshot „The Suite Life" 360°-Aufnahmen in der
　　　　„Suite Class" der Singapur Airline.
　　　　Quelle: The Associated Press ................................. 83
Abb. 61　Screenshot Matterport Scan 1 „The Suite Life", Suite Class
　　　　der Singapore Airline. Quelle: The Associated Press ........... 84
Abb. 62　Drehaufnahmen 1: Nathan Griffith und seine Kollegen
　　　　in der „Suite Class" der Singapur Airline. Quelle: The
　　　　Associated Press ............................................. 84
Abb. 62　Drehaufnahmen 2: Nathan Griffith und seine Kollegen
　　　　in der „Suite Class" der Singapur Airline. Quelle: The
　　　　Associated Press ............................................. 85
Abb. 64　Verlassenes Eisenbahnhaus, aufgenommen mit der Matterport.
　　　　Quelle: ZDF Digital .......................................... 86

| | | |
|---|---|---|
| Abb. 65 | Verlassenes Eisenbahnhaus, aufgenommen mit der Matterport. Quelle: ZDF Digital | 86 |
| Abb. 66 | „The Turnaround"- Breaking-News-Projekt von RYOT in Kooperation mit Google. Quelle: Ryot | 88 |
| Abb. 67 | „The Women's March", Episode aus der RYOT-360°-Serie „The Turnaround". Quelle: Ryot | 89 |
| Abb. 68 | „Shapeshifting"-Installation bei einem Meetup in Seattle, September 2017. Quelle: Manuela Feyder | 90 |
| Abb. 69 | „Shapeshifting"-Installation bei einem Meetup in Seattle, September 2017. Quelle: Manuela Feyder | 90 |
| Abb. 70 | Ricoh Theta. Quelle: © INVR.SPACE GmbH | 106 |
| Abb. 71 | Samsung Gear 360. Quelle: © INVR.SPACE GmbH | 107 |
| Abb. 72 | GoPro Omni. Quelle: © INVR.SPACE GmbH | 107 |
| Abb. 73 | Insta360 Pro. Quelle: © INVR.SPACE GmbH | 108 |
| Abb. 74 | LucidCam. Quelle: © INVR.SPACE GmbH | 109 |
| Abb. 75 | Bearbeitung eines 3D-Raums mit Hilfe von Unity. Quelle: Jens Brandenburg und Stephan Gensch | 110 |
| Abb. 76 | Arbeitsfelder und Tätigkeiten des VR-Journalisten. Quelle: Manuela Feyder, Linda Rath-Wiggins | 127 |
| Abb. 77 | Screenshot eines Tutorials „A 360 Guide for Journalists" Quelle: Shaheryar Popalzai | 131 |

# Autorinnen

**Manuela Feyder**
entwickelte bereits Ende der 90er Jahre die bundesweit erste eigenständige Fortbildung zum „Online-Redakteur". Die Diplom-Volkswirtin ist Gründerin und Geschäftsführende Gesellschafterin des *netzwerk medien-trainer*. Dort berät und trainiert sie Medienunternehmen im Feld der Digitalen Transformation. Die Anwendung von Neurofeedback ist eines ihrer Schwerpunkte im VR-Journalismus.

**Dr. phil. Linda Rath-Wiggins**
ist Gründerin und Geschäftsführerin des Unternehmens Vragments GmbH. Das Berliner VR-Startup entwickelt journalistische VR-Projekte in Kooperation mit Redaktionen. Darüber hinaus entwickelt Vragments das VR-Produkt Fader, mit dem Journalisten schnell und einfach VR-Geschichten interaktiv produzieren und veröffentlichen können.